et ajoutez un soupçon de CBD

Comment cuisiner avec du CBD des recettes qui ont du goût et font de l'effet

ISBN : 978-2-412-06936-3
Dépôt légal : août 2021
Imprimé en Espagne

Direction éditoriale : Marie-Anne Jost-Kotik
Responsable éditoriale : Rose-Marie Di Domenico
Édition : Cédric Le Brun
Fabrication : Mathias Barbier
Création graphique : Moshi Moshi Studio
Relecture : Céline Candie
Correction : Aurélie Legay
Photographies et stylisme : Sandra Mahut
Illustrations : Jade Teasdale

Sandra Mahut tient à remercier Charlène Valet pour son aide pour la réalisation des recettes.

Éditions First, un département d'Édi8
92 avenue de France
75013 Paris - France
Tel. : 01 44 16 09 00
Fax : 01 44 16 09 01
Email : firstinfo@efirst.com
Site internet : www.lisez.com

MIXTE
Papier issu de sources responsables
FSC® C003309

et ajoutez un soupçon de CBD

Comment cuisiner avec du CBD des recettes qui ont du goût et font de l'effet

Great & Green, Ivan Tozzi,
Jems Prieur et Sandra Mahut

Photographies de Sandra Mahut

FIRST
ÉDITIONS

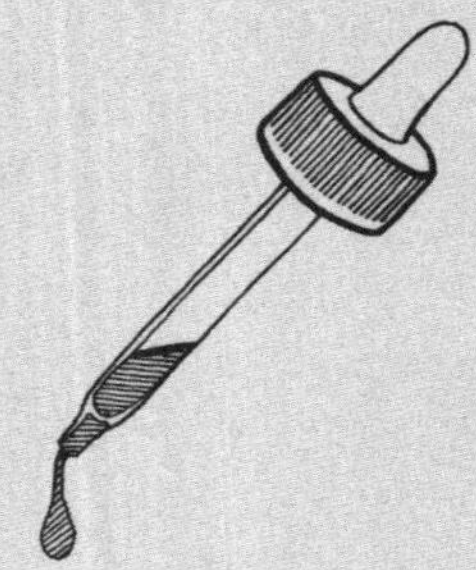

Partie I - Préparer le CBD

Partie II - À partager

Partie III - Les plats

Partie IV - Les gourmandises

Avant-propos

Passionnés de cuisine et de ses terres inexplorées, le CBD nous tendait les bras. Il existe déjà une certaine littérature culinaire sur le sujet, mais finalement superficielle et abordant surtout l'aspect bien être, laissant de côté un vrai questionnement : que peut apporter la fleur de CBD de nouveau et d'unique dans la cuisine ?

C'est donc après une belle et joyeuse discussion que les premières bases du livre se sont posées : comment déguster le CBD ? Quels goûts, quels parfums, comment le cuisiner, qu'apporte le CBD au niveau gustatif ? Il fallait expérimenter, tester, rêver, découvrir, et surtout, prendre du plaisir pour déceler les arômes, les mariages et les parfums troublants.

Il n'était plus question de côtoyer cette fleur seulement comme un produit bien être aux supposés thérapeutiques, mais aussi comme une fleur et en cueillir son potentiel gustatif. Il fallait lui faire une place dans la cuisine.

C'est ainsi que Jems, au sucré, et Ivan, au salé, ont poussé un peu plus loin leurs expériences respectives du CBD comme aliments, comme épices, comme saveurs. Que de plaisirs, de découvertes, de satisfactions, d'étonnements autour de cette plante. Une fleur complexe et généreuse, parfois insaisissable et revêche.

Manger est un plaisir, un dialogue, un voyage qui doit être maîtrisé. Il ne s'agissait donc pas de cuisiner pour avoir des effets, mais bien pour avoir du goût.

C'est pour toutes ces raisons que nous avons fait ce livre, un livre de cuisine avant tout. Il reste encore des pistes à explorer, nous avons voulu ouvrir des voies possibles, le CBD n'a pas encore livré tous ses secrets. En attendant, bonne dégustation.

C'est quoi, le CBD ?

À l'origine, le chanvre

Le chanvre accompagne l'histoire de nos civilisations depuis plus de dix mille ans. Utilisé pour ses fibres solides, ses graines nourrissantes et ses propriétés médicinales, il fait partie des premières plantes cultivées par l'Homme.

Son origine géographique n'est pas certaine : certains la situent dans les plaines d'Asie centrale autour du lac Baïkal, d'autres dans les contreforts de l'Himalaya ou encore autour du fleuve Jaune, en Chine. La plante est citée pour la première fois dans un texte de la pharmacopée chinoise plus de 2000 ans av. J.-C.. On trouve également une trace écrite de son usage médicinal dans l'Égypte Antique sur un papyrus datant de 1500 ans av. J.-C.

Largement cultivé pendant plusieurs siècles pour fabriquer du papier, des cordages, des huiles et protéines, le chanvre est finalement évincé par le développement de l'industrie pétrochimique et l'essor des bateaux à vapeur, au détriment de la voile et de ses cordages.

L'industrie chanvrière retrouve aujourd'hui un nouveau souffle et fait l'objet de multiples études dans divers domaines, de l'écoconstruction à la pharmacologie, en passant par l'agroalimentaire ou encore la production de bioplastiques.

Le cannabidiol

Le cannabidiol, ou CBD, est l'un des nombreux cannabinoïdes que contient le chanvre. Le chanvre cultivé, dit *sativa*, possède des sommités florales riches en CBD mais pauvres en tétrahydrocannabinol (THC), cette fameuse molécule aux propriétés psychotropes communément associées au cannabis. Le CBD fait l'objet d'études depuis le milieu du XVIIIe siècle, mais ce n'est qu'en 1940 qu'il fut isolé pour la première fois. Quelques années plus tard, en 1963, le chercheur et médecin israélien Raphael Mechoulam en définit ses propriétés chimiques et sa structure.

Les effets du CBD

Depuis 1999, plus de 10 000 études ont été publiées sur le cannabis et ses effets sur l'Homme. Les plus sérieuses ont permis de mettre en lumière ses propriétés anti-inflammatoires, antidouleur et relaxantes.

Si le CBD, et les cannabinoïdes en général, possèdent de telles vertus, c'est avant tout parce que le corps humain possède un ensemble de récepteurs que l'on appelle le système endocannabinoïde. Celui-ci joue un rôle dans le bon fonctionnement de l'organisme et de ses équilibres physiologiques.

Le CBD aurait en particulier une action stimulante sur la production de sérotonine, neurotransmetteur du bien-être, mais aussi de l'anandamide et de l'adénosine, qui ont des effets analgésiques et anti-inflammatoires.

On lui prête également une action positive sur le système digestif par son implication dans la motilité intestinale, l'assimilation des graisses et la signalisation de la faim. Par ailleurs, il interagirait de manière dynamique et bénéfique avec le microbiote intestinal.

Le THC fait également l'objet d'études très approfondies. En France, on peut notamment noter la mise en place d'un protocole de tests autour du cannabis thérapeutique.

Beaucoup d'études ont été menées et encore plus le sont aujourd'hui. Toutes reconnaissent les effets positifs du CBD sur de nombreuses pathologies, en particulier :

- **l'anxiété**
- **les troubles du sommeil**
- **les nausées et les vomissements, notamment liés aux chimiothérapies**
- **les crises d'angoisse et la dépression**
- **les inflammations**
- **les crises d'épilepsie**
- **la survenue de maladies cardiovasculaires**
- **les maladies de la peau (psoriasis)**
- **le diabète**
- **les crises chez les patients atteints de schizophrénie**
- **les douleurs liées à l'arthrose et les contractures**

Sur quels récepteurs agit le CBD ?

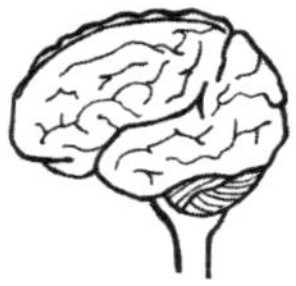

Le CBD a une affinité avec la **sérotonine**, un neurotransmetteur dit du « bien-être ». Ce dernier joue un rôle sur l'humeur. En consommant des produits au CBD, on produit de la sérotonine et on ressent donc un certain bien-être.

L'**anandamide** est un autre neurotransmetteur cannabinoïde. Il possède des fonctions analgésiques et joue un rôle dans le système de récompense, qui est perturbé lors des comportements addictifs. Le CBD serait par conséquent adapté dans la lutte contre l'addiction.

Le cannabidiol active les récepteurs d'**adénosine** et accroît sa concentration dans le corps, avec, à la clé, un effet anti-inflammatoire.

D'autres récepteurs sont également activés lors de la prise de CBD (TRPV1, GPR55, PPAR...). Ceci pourrait expliquer l'action du CBD sur le corps, notamment sur de la perception de la douleur, la diminution des inflammations ou encore son effet sur les tumeurs.

Si le cannabis renferme plus de 100 cannabinoïdes, il contient également d'autres composés intervenant comme des principes actifs. Parmi eux, les terpènes, à qui l'on doit ses qualités aromatiques. Il s'agit d'hydrocarbures que l'on trouve dans de nombreuses plantes particulièrement odorantes, comme la térébenthine, le camphre, le menthol ou encore la citronnelle. On les extrait sous forme d'huiles essentielles utilisées en parfumerie et en aromathérapie. Les terpènes servent également de répulsif contre les insectes, aussi bien pour les plantes qui les contiennent naturellement que pour nous.

Ainsi, on retrouve dans le chanvre une vraie diversité aromatique qui varie selon la variété. Son odeur peut être fruitée, mentholée ou encore rappeler celle des agrumes, de la terre voire même du fromage !

Par l'action stimulante de la sérotonine, de l'anandamide et de l'aménosine, le CBD influe positivement sur la capacité du corps humain à maintenir son équilibre intérieur (homéostasie).

CBD

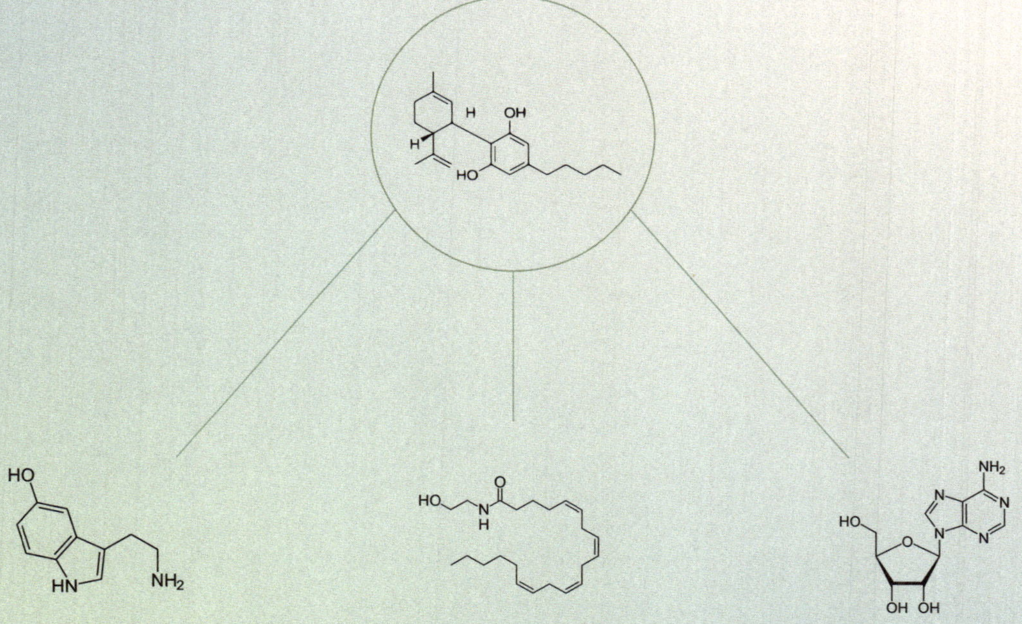

SÉROTONINE
État de bonheur

ANANDAMIDE
Analgésique & antiaddictif

ADÉNOSINE
Anti-inflammatoire

Le système endocannabinoïde

Le système endocannabinoïde est un ensemble de récepteurs répartis dans le corps. Le CBD et les autres phytocannabinoïdes interagissent avec ces récepteurs participant ainsi à l'équilibre du corps.

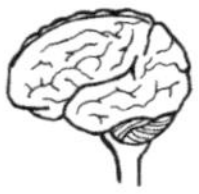

Système nerveux central

Le système endocannabinoïde favorise la génération de nouveaux neurones et participe à la régulation de l'activité motrice ainsi qu'au contrôle de certains processus mémoriels.

Système gastro-intestinal

Il aide à protéger le tube digestif des inflammations et des secrétions gastriques excessives.

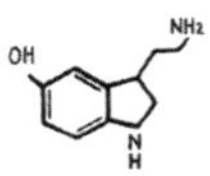

Hormones

Il joue un rôle significatif au niveau de l'hypothalamus, cette partie du cerveau qui régule le métabolisme, de la reproduction et de la réponse au stress.

Système osseux / squelette

Il intervient dans la régulation de la masse osseuse et sa régénération.

Système immunitaire

Il régule le système immunitaire en inhibant la production de cytokines pro-inflammatoires.

Métabolisme

Il optimise les apports liés à la nourriture ingérée afin d'assurer l'équilibre du métabolisme et de ses fonctions (apport en énergie, redistribution des nutriments, production d'insuline...).

Muscles

Il favorise l'endurance en régulant le taux de sucre dans le sang. C'est aussi lui qui est responsable de la fameuse « euphorie du coureur ».

● RÉCEPTEUR CANNABINOÏDE 1 (CBD1)
● RÉCEPTEUR CANNABINOÏDE 2 (CBD2)

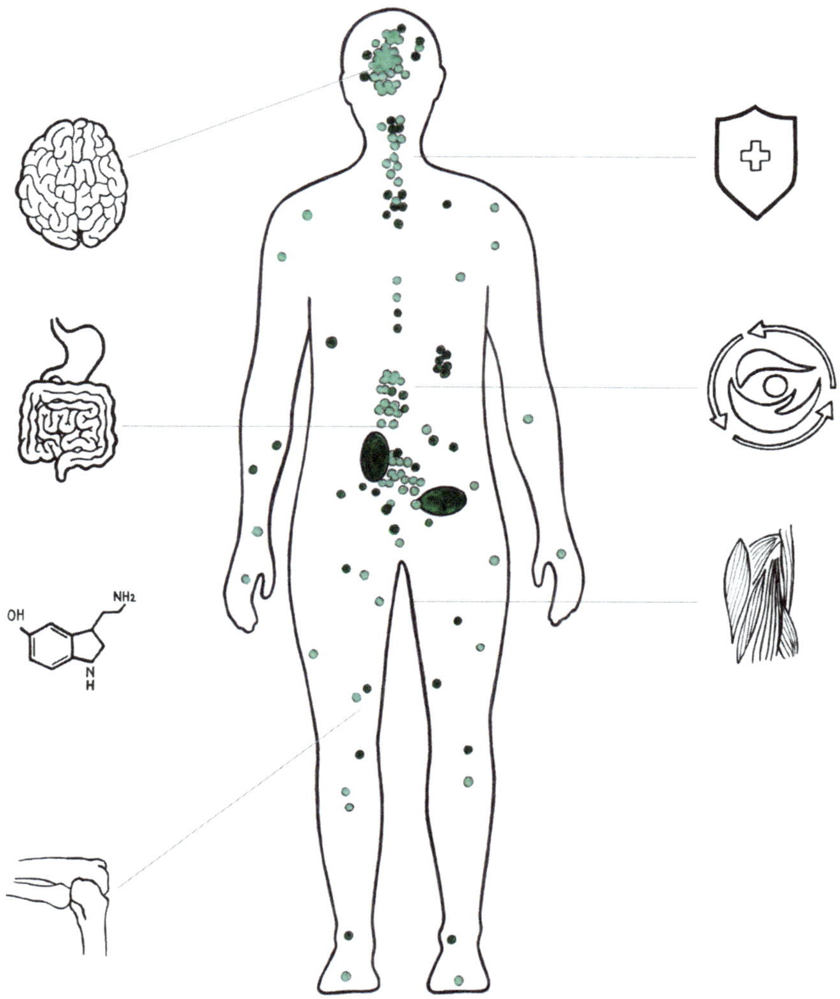

Les terpènes

On dénombre plus d'une cinquantaine de terpènes dans le cannabis, voici les trois principaux :

LE MYRCÈNE

Il s'agit du plus commun et du plus présent chez la plupart des variétés. Certains comparent son arôme à celui du clou de girofle. Connu pour ses propriétés anti-inflammatoires, antibactériennes et analgésiques, le myrcène a un effet calmant et relaxant. On le retrouve également dans le houblon et la citronnelle.

LE LIMONÈNE

Le limonène est le second terpène le plus courant. Comme son nom le suggère, il a une odeur très prononcée d'agrumes. Réputé pour ses vertus antifongiques et antibactériennes, il possèderait également un effet anticancérigène et pourrait aider à prévenir la croissance des tumeurs.

LE BÉTA-CAROPHYLLÈNE

Également présent dans le basilic thaïlandais, la cannelle et le poivre noir, le béta-carophyllène possède une odeur poivrée, boisée et épicée. Il s'agit du seul terpène interagissant avec le système endocannabinoïde (CB2-R). Il diminue la douleur, calme l'inflammation et protège le tube digestif.

100mg
CBD
CBD
CBD

Les différentes formes de consommation

Le CBD se vend le plus couramment sous forme de fleurs, de résines, d'huiles, d'isolat et de crumble.

Si les **fleurs** sont les plus naturelles et le moins transformées, les **huiles**, parfois proposées en gélules, permettent d'avoir des concentrations élevées et facilement dosables.

Les **résines** sont obtenues par pressage des fleurs et peuvent comporter des taux élevés de CDB par la concentration des trichomes, ces fines excroissances que l'on retrouve sur les sommités.

L'**isolat** et le **crumble** sont des formes concentrées souvent utilisées pour la fabrication d'aliments enrichis en cannabinoïdes (miel, chocolat, bière, pâtisseries...). On les appelle aussi *edibles* (« comestibles » en anglais).

Il existe également du CBD synthétique créé en laboratoire. Il arrive que certains produits bas de gamme aient recours à ces formes synthétiques, mais elles sont déconseillées par la plupart des experts pour des raisons d'efficacité et de manque de traçabilité.

L'industrie cosmétique utilise également de plus en plus le CBD pour ses vertus réparatrices et bienfaisantes sur le système tégumentaire, c'est-à-dire l'ensemble des tissus externes dont l'épiderme.

Le CBD peut être ingéré, vaporisé, fumé (déconseillé) ou encore utilisé en application locale. La vaporisation est la manière la plus rapide de l'absorber tout en évitant les inconvénients de la combustion.

On trouve également le CBD sous forme de miel. N'hésitez pas à récupérer les branches des fleurs également : elles peuvent être utilisées pour fumer des plats par exemple.

Les fleurs

Les taux de CBD dans les fleurs vendues en magasin et sur Internet peuvent être assez variables. Les fleurs avec un taux de THC inférieur à 0,2 %, conformément à la loi française, contiennent généralement un taux de CBD compris entre 3 et 9 % (soit de 1,5 mg à 4,5 mg de CBD par gramme de fleurs). Toutefois il n'est pas rare de trouver des fleurs affichant un taux de CBD dépassant les 10 % et allant jusqu'à 20 %.

Pour parvenir à des taux aussi élevés, les fleurs font l'objet d'un enrichissement artificiel, la plupart du temps par pulvérisation d'une solution contenant de l'isolat de CBD. En l'absence de contrôles qualité et de traçabilité réelle des produits, il est conseillé de privilégier les fleurs les plus naturelles possible et dont les taux de CBD restent compris entre 3 et 9 %.

Rappelons également que le CBD n'est qu'un des nombreux cannabinoïdes présents dans la plante. On ne peut pas en résumer les effets et vertus à la seule présence du CBD. C'est tout autant la culture de la plante, sa richesse terpénique, que son taux de CBD et autres cannabinoïdes qui en détermineront la qualité globale.

Il existe de nombreuses techniques pour augmenter artificiellement ce taux, mais si l'on souhaite s'assurer du bon respect de la plante et de l'absence de solvants et d'intrants, il est recommandé de porter son choix sur un taux entre 3 et 8 %.

Il existe trois types de fleurs :

- celles cultivées en intérieur (« *indoor* »),
- celles cultivées sous serre (« *greenhouse* »)
- et celles cultivées en extérieur (« *outdoor* ») .

La culture intérieure

Elle permet de contrôler finement la croissance des fleurs et d'obtenir des plants riches en trichomes, avec des taux de CBD élevés. Les fleurs sont plus chères, car leur culture suppose généralement de très grosses consommations en électricité, en eau et en engrais. Les fleurs indoor sont souvent cultivées hors sol, en hydroponie ou dans des substrats avec plusieurs récoltes par an. Autant de ratios qui intéressent tout particulièrement les industries pharmaceutique et cosmétique.

Les fleurs sous serre

Les serres permettant de créer un véritable microclimat pouvant être contrôlé, les plants bénéficient d'une lumière optimale, que mêmes les lampes les plus puissantes peinent à reproduire, tout en profitant d'une croissance dans un sol naturel. Pour compenser les variations météorologiques, un éclairage artificiel est parfois mis en place, mais son coût est nettement inférieur à celui de l'indoor. Par conséquent, le prix des fleurs greenhouse est plus modéré.

Les plantations en extérieur

Ce mode de culture séculaire est sans aucun doute le plus naturel. Les plants de CBD prennent uniquement la lumière du soleil et sont aérés par les vents. Le chanvre n'a pas besoin d'être arrosé et les sols ne nécessitent aucun engrais. Les fleurs cultivées en champs, soumises aux variations météorologiques, comportent un taux de cannabinoïdes plus difficile à contrôler.
La culture outdoor offre un rendement important, mais le temps de croissance est plus long, (environ six mois) et il y a une seule récolte annuelle. Les fleurs développent des arômes plus herbeux, plus bruts, mais restituent bien leur terroir de culture. Les coûts de production sont plus faibles avec des surfaces exploitées plus grandes.
En outre, toutes les parties de la plante (fibres, feuilles, fleurs et graines) sont récoltées pour être utilisées.

Les huiles 

Les huiles de CBD sont désormais assez faciles à trouver dans le commerce.
Il convient d'en distinguer trois types :

- **celles à spectre complet (full spectrum),**
- **celles à spectre large (broad spectrum)**
- **et les huiles à base d'isolat.**

Les **huiles à spectre complet** comportent tous les cannabinoïdes et incluent une microdose de THC, actuellement limitée à 0,2 % par la législation française.

Les **huiles à spectre large** comportent tous les cannabinoïdes, à l'exception du THC. Ce sont les plus efficaces, car le CBD voit son efficacité significativement augmentée par la présence des autres cannabinoïdes (CBG, CBN..) On appelle cela « l'effet d'entourage ».

Il existe plusieurs procédés pour les fabriquer, mais le plus reconnu scientifiquement est l'extraction au CO_2 supercritique, qui consiste à exposer la matière végétale à des hautes températures et selon certaines conditions de pression pour en isoler les cannabinoïdes. Ces derniers sont ensuite incoporés à une huile porteuse (chanvre, MCT, olive...). Cette méthode requiert des équipements et un savoir-faire de pointe, qui expliquent le prix élevé du produit fini.

On recense d'autres techniques, comme les ultrasons ou l'utilisation de solvants tels que l'alcool isopropylique, l'éthanol ou encore l'hexane. Si celle-ci est plus simple et bon marché, il reste souvent des résidus de solvants qui nuisent à l'efficacité et comportent une toxicité indésirable.

Les **huiles à base d'isolat** sont fabriquées à partir de poudre de CBD pur que l'on mélange à une huile porteuse. Moins chères, elles présentent un taux de CBD difficile à estimer. Par ailleurs, elles ne comportent aucun autre cannabinoïde, ce qui diminue leur efficacité puisqu'il n'y a pas d'effet d'entourage.

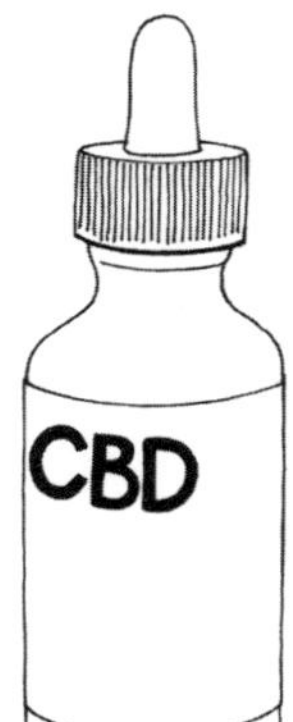

Préconisations d'usage

En 2017, l'OMS a précisé que le CBD ne semble pas présenter de potentiel d'abus, ni être nocif pour la santé. Toutefois, il est important de respecter les recommandations d'usage établies d'après plusieurs critères, à savoir la nature et la gravité des symptômes mais aussi la corpulence du consommateur. La sensibilité aux cannabinoïdes

GRAVITÉ DES SYMPTÔMES	POIDS			
	20 à 45 kg	45 à 70 kg	70 à 105 kg	> 105 kg
DOULEURS · MALADIES CHRONIQUES	QUANTITÉ JOURNALIÈRE			
LÉGÈRE	5-10 mg	10-20 mg	21-40 mg	30-60 mg
MOYENNE	10-30 mg	20-50 mg	30-70 mg	40-100 mg
INTENSE	20-40 mg	20-80 mg	40-100 mg	> 60 mg
ANXIÉTÉ · STRESS · DÉPRESSION	QUANTITÉ JOURNALIÈRE			
LÉGÈRE	2-5 mg	5-10 mg	10-20 mg	10-30 mg
MOYENNE	5-15 mg	10-25 mg	20-40 mg	20-50 mg
INTENSE	10-30 mg	15-50 mg	20-70 mg	> 40 mg

Il est important de garder à l'esprit que les réactions aux cannabinoïdes sont individuelles. La réponse de l'organisme et de ses récepteurs au CBD varie d'une personne à l'autre. Il est donc essentiel de commencer avec des apports minimes afin de déterminer son seuil de réaction. On estime à 10 mg la dose moyenne par personne.

Dosages de l'huile

Concernant les huiles, la quantité de CBD est exprimée sous la forme d'un pourcentage la plupart du temps. Par exemple, un flacon de 10 ml à 5 % contient 500 mg de CBD ; un flacon de la même contenance mais étiqueté à 25 % contient 2500 mg. On l'aura compris, plus le pourcentage est élevé, plus l'huile est concentrée. Les huiles sont commercialisées dans des flacons munis de pipettes pouvant contenir 1 ml, soit l'équivalent de 20 gouttes. Ainsi, chaque flacon de 10 ml contient environ 200 gouttes.

Si l'on souhaite connaître la teneur en CBD de chaque goutte, il faut diviser la quantité globale de CBD dans un flacon d'huile par le nombre de gouttes contenues dans un flacon. Voici ce que cela donne pour un flacon de 10 ml :

HUILE AU CBD 5 %	2,5 mg de CBD par goutte
HUILE AU CBD 10 %	5 mg de CBD par goutte
HUILE AU CBD 15 %	7,5 mg de CBD par goutte
HUILE AU CBD 25 %	12,5 mg de CBD par goutte

Les effets secondaires possibles

Les effets indésirables du CBD sont rares. Toutefois, dans un usage responsable et en veillant au principe de précaution prévalant dans toute initiative thérapeutique, il convient d'être attentif aux possibles réactions.

- **crispation musculaire**
- **état de somnolence**
- **nausées**
- **diarrhées**
- **manque d'appétit**
- **maux de tête**
- **sécheresse buccale**

Il faut savoir que les effets secondaires suite à la prise de CBD peuvent avoir une tout autre origine :

- **un produit de mauvaise qualité et notamment les résidus toxiques et solvants pouvant subsister d'une extraction du CBD de piètre qualité**
- **une intolérance à l'huile végétale support, utilisée pour l'huile CBD (huile d'olive, huile de sésame, huile de chanvre...)**
- **un problème de santé (tension artérielle...)**
- **une interaction médicamenteuse.**

Demandez toujours l'avis de votre médecin avant de prendre du cannabidiol associé à un traitement thérapeutique.

Il est important de rester à l'écoute de potentiels effets indésirables. Et, selon les maux survenus, l'intensité et la durée, n'hésitez pas à changer de fournisseurs, à réduire la dose quotidienne de CBD et à demander un avis médical.

LA THEIERE
STAUB

Cuisiner avec du CBD

Liposoluble, le CBD est mieux assimilé lorsqu'il est associé à une graisse. Cette propriété explique le succès des préparations sucrées et salées à base de CBD. Ce mode de consommation permet en outre d'en préserver les qualités.

Nouvel ingrédient bien-être en cuisine, le CBD peut aussi être considéré comme une nouvelle épice. Son association avec certains légumes, fruits, céréales ou protéines peut produire des saveurs originales, vivantes et évolutives. Il s'accorde également à merveille avec le cacao, la vanille et la cannelle. Le CBD apporte des notes mentholées, herbacées, poivrées, fruitées, mais aussi de la fraîcheur et une tension végétale.

Pour des plats réussis, il convient de choisir les meilleurs ingrédients en privilégiant des huiles à spectre large ou complet, contenant du CBD naturel et non synthétique et opter pour des fleurs bio affichant un taux de CDB conforme à la norme.

Pourquoi faire chauffer la fleur de chanvre dans un corps gras ?

La molécule du cannabidiol n'est pas soluble dans l'eau et son ingestion, sans avoir été chauffée, ne permet pas d'avoir les effets escomptés. Au mieux, vous profiterez du goût herbacé.

Le fait de chauffer à 100 °C la molécule en présence d'une matière grasse lui permet de se dissoudre, d'en faire ressortir les différents arômes et d'en révéler les principes actifs.

Cette étape permet une diffusion optimale du CBD dans l'organisme, c'est-à-dire une diffusion lente, pour un effet plus ou moins doux, et à long terme, selon la quantité et la concentration du cannabidiol présente dans la fleur.

La décarboxylation

La décarboxylation est le fait de chauffer la fleur de cannabis. En effet, lorsque l'on dit que le CBD est naturellement présent dans le cannabis, c'est en fait un raccourci. En réalité, les molécules de cannabinoïdes existent dans la plante sous une forme acide, produite lors de la photosynthèse : la « carboxylation ». Ces acides carboxyliques ne sont pas bien assimilés par notre organisme. Pour interagir avec notre système endocannabinoïde, le cannabidiol doit passer par le processus de décarboxylation.

La décarboxylation du CBD est une réaction chimique. Elle utilise la chaleur pour convertir les acides cannabinoïdes naturellement présents dans le plant de cannabis en cannabinoïdes actifs, assimilables par le corps humain.
Par exemple, lorsque l'acide cannabinoïde CBDA est décarboxylé, il se transforme en CBD, tandis que le THCA devient le THC.

Les méthodes de décarboxylation

La décarboxylation naturelle
Lorsque la plante de *Cannabis Sativa* sèche, les acides de cannabinoïdes se décarboxylent naturellement, au contact de l'air et de la chaleur. Cette décomposition naturelle des acides ne permet pas une décarboxylation optimale. La quantité de CBD dans la plante séchée sera très limitée.

La décarboxylation professionnelle
La meilleure méthode est l'extraction au CO_2 supercritique. Cette méthode garantit à la fois la pureté, l'absence de toxicité et le respect de l'intégrité des cannabinoïdes.

D'autres méthodes ont recours à des solvants. Ces méthodes sont moins chères, nécessitent moins de moyens techniques et de savoir-faire, mais les produits obtenus contiennent souvent des traces des solvants utilisés, et ne préservent pas aussi bien l'intégrité des cannabinoïdes, dégradant ainsi l'efficacité recherchée.

La décarboxylation maison
Au four, sous vide, au micro-ondes ou en beurre de cannabis, les techniques artisanales de décarboxylation sont multiples. Vous pourrez découvrir ces techniques aux pages 38-39.

Décarboxylation et terpènes

La fleur de CBD contient une multitude de terpènes. Pour rappel, ces molécules sont des hydrocarbures naturellement présents dans beaucoup de plantes. Les terpènes sont à l'origine des odeurs, des saveurs, mais participent également aux principes actifs du CBD.

Il en existe plus de 50 dans le CBD, avec notamment l'odeur de pin (pinène), le goût citronné (limonène), ou musqué (myrcène).

Les terpènes possèdent certaines vertus thérapeutiques identifiées. Par exemple, le pinène est un anti-inflammatoire, le limonène un anti-fongique, le linalol un relaxant.

Non seulement les terpènes sont révélés par la décarboxylation, mais lorsqu'ils sont associés à d'autres produits, ils permettent d'obtenir une palette enrichie de saveurs : en présence de légumes racines le CBD développe des goûts de noisette et de pistache. En présence de fruits comme la tomate, ce sont des saveurs de romarin, de résineux, de poivre ou de menthe

Mémo équivalences
1 cuillerée à café = 0,5 g de fleurs de CBD
1 cuillerée à soupe = 1 g de fleurs de CBD

La décarboxylation en cuisine

En chauffant, le CBD active les terpènes contenus dans la fleur. Ces terpènes sont porteurs d'odeurs et de saveurs. Suivant le mode de décarboxylation, l'apport du CBD ne sera pas tout à fait le même.

Au four, avec une température de chauffe élevée (120 °C), les principes actifs sont plus développés, tandis que les saveurs sont atténuées. Ce procédé convient très bien à la pâtisserie qui très souvent nécessite une cuisson au four.

La décarboxylation au bain-marie se fait avec une chauffe plus douce (en dessous de 100°C). Cette méthode est plus appropriée à la diversité des préparations salées.
La basse température du bain-marie révèle les multiples terpènes contenus dans la fleur et en fait un apport gustatif très intéressant.

Les notes d'épices telles que le poivre, la noix de muscade, ou d'herbes aromatiques telles que le thym, de romarin, la lavande, mais aussi la citronnelle, ou les saveurs d'agrumes, de résineux, voire iodé, ainsi que la noisette, la pistache ou l'amande grillée en font un élément gastronomique complexe.

Qu'il soit utilisé en épice en fin de cuisson, ou comme assaisonnement de crudité, en infusion d'huile ou en marinade, le CBD pourrait devenir le nouveau compagnon culinaire de votre cuisine.

PREMIÈRE PARTIE

préparer le cbd

Décarboxylation au four

En chauffant la fleur, ce procédé permet de transformer le CBDA en CBD. Toutefois, il a tendance à réduire la puissance des terpènes (c'est-à-dire le goût et l'odeur de la fleur) au profit des principes actifs du cannabis. En d'autres termes, la décarboxylation au four est moins goûteuse et plus active.

5 min de préparation
30 min de cuisson

POUR 2 G DE FLEURS DE CBD
2 g de fleurs de CBD

ASTUCE
Vous pouvez conserver vos fleurs décarboxylées dans une boîte hermétique. Vous en aurez ainsi toujours à disposition pour vos recettes, notamment de biscuits (voir pages 126-128).

Préchauffer le four à 100 °C. Effriter les fleurs dans un plat à four, puis couvrir de papier d'aluminium. Enfourner pour 30 minutes.

Au sortir du four, laisser refroidir avant de stocker.

Décarboxylation au bain-marie

À la différence de la décarboxylation au four (voir ci-contre), celle au bain-marie préserve les terpènes, c'est-à-dire le goût. Ces derniers étant volatiles, il n'est pas utile de préparer de grandes quantités. Pour des saveurs et parfums optimaux, mieux vaut en confectionner un petit bocal avant chaque recette.

2 min de préparation
1 h de cuisson

POUR 2 G DE FLEURS DE CBD
2 g de fleurs de CBD

Mixer les fleurs, puis les placer dans un bocal muni d'un couvercle. Le refermer hermétiquement.
Déposer le bocal dans une casserole en l'entourant d'un torchon pour le caler lors de l'ébullition. Remplir la casserole d'eau et porter à ébullition pendant 5 minutes. Puis, baisser le feu pour que l'eau frémisse et laisser cuire 30 minutes. Éteindre et laisser refroidir le bocal dans le bain-marie.
Recommencer le procédé une fois.

Huile infusée de fleurs de CBD

L'huile est un corps gras qui va permettre à la fleur d'infuser et ainsi révéler les terpènes qu'elle contient. Ce procédé se déroule de la même manière que la décarboxylation au bain-marie (voir page 39).

2 min de préparation
30 min de cuisson

POUR 50 CL
2 c. à soupe de fleurs de CBD
50 cl d'huile d'olive

Mixer les fleurs, puis les placer dans un bocal muni d'un couvercle. Ajouter 25 centilitres d'huile d'olive et fermer hermétiquement.

Déposer le bocal dans une casserole et l'entourer d'un torchon pour le caler lors de l'ébullition. Remplir la casserole d'eau et porter à ébullition pendant 5 minutes. Puis, baisser le feu pour que l'eau frémisse et laisser cuire 30 minutes. Éteindre et laisser refroidir le bocal dans le bain-marie.

Une fois les fleurs refroidies, ajouter les 25 centilitres d'huile restante. Cette infusion peut se conserver plusieurs jours à l'abri de la lumière. Les terpènes herbacés, de poivre, de menthe, etc. vont se développer tout comme l'arôme d'olive verte de l'huile.

Expresso de thé vert

Les saveurs herbacées du CBD prolongent celles du thé vert. L'utilisation d'une machine à moka permet un passage rapide de l'eau à forte chaleur, sans pour autant griller le mélange. C'est le moyen idéal de révéler les parfums délicats des deux plantes.

2 min de préparation
4 min de cuisson

POUR 2 TASSES

1 c. à café de fleurs de CBD
4 c. à café de thé vert Sencha
Machine à moka

ASTUCE

Cette infusion se déguste à tout moment de la journée avec des biscuits (voir pages 126-128). Elle peut également être utilisée en cuisine.

Remplir d'eau la partie basse de la cafetière. Mélanger le thé vert aux fleurs, puis le placer dans la réserve prévue à cet effet en tassant bien. Visser la cafetière et mettre à chauffer.

Une fois l'infusion remontée dans la partie supérieure, retirer du feu et servir aussitôt.

Beurre de Marrakech à 3 %

Confectionner un beurre de Marrakech a deux objectifs : décarboxyler la fleur de CBD afin que ses effets soit révélés et intégrer la fleur au beurre, car celle-ci est mieux ingérée par l'organisme lorsqu'elle est accompagnée d'un corps gras.

2 h 30 de préparation
2 à 4 h de cuisson
4 h de réfrigération

POUR 100 G DE BEURRE DE MARRAKECH

3 g de fleurs de CBD
120 g de beurre
10 cl d'eau

ASTUCE

En préparant une grande quantité, vous en aurez toujours sous la main pour vos différentes recettes. Le beurre de Marrakech se congèle très bien. Optez pour des petites portions (30 à 50 g) afin de faciliter son utilisation ultérieure, car une fois congelé, ce beurre devient très dur et cassant.

Hacher grossièrement les fleurs.

Dans une grande casserole, faire chauffer le beurre avec l'eau et les fleurs. Couvrir à moitié et porter à ébullition. Baisser aussitôt le feu au minimum et couvrir entièrement. Laisser ainsi chauffer 1 à 3 heures.

Filtrer à l'aide d'un chinois, d'un torchon ou d'une toile à beurre dans un récipient en plastique souple afin de faciliter le démoulage. Placer au réfrigérateur une nuit.

Le lendemain, récupérer la partie dure et stocker.

Bouillon de légumes

Lorsque l'on met la fleur de CBD au moment du service, quand le bouillon est encore chaud, elle développe des arômes herbacés voir anisés et poivrés.

30 min de préparation
3 h 30 de cuisson

1 carotte
1 pomme de terre
1 navet
1 poireau
1 poignée de lentilles vertes
1 poignée de pois cassés
Sel, poivre
Fleur de CBD pour servir

ASTUCE
Le bouillon peut être utilisé tel quel en ajoutant la fleur de CBD au moment de servir. Vous pouvez aussi l'employer comme fond de cuisson ou de sauce, pour la recette de la purée de panais (voir page 98) par exemple.

Laver, éplucher et couper en gros morceaux tous les légumes. Rincer les pois et les lentilles.

Mettre le tout dans une cocotte, ajouter 3 à 4 litres d'eau et porter à ébullition. Laisser frémir pendant 3 heures.

Filtrer le bouillon à l'aide d'un linge propre.

Bouillon de poule

30 min de préparation
3 h 30 de cuisson

1 carotte
1 pomme de terre
1 navets
1 poireau
1 branche de cèleri
1 panais
1 carcasse de poulet
1 cuillerée à soupe de gros sel gris.
Fleur de CBD pour servir

Laver et éplucher les légumes. Les mettre avec la carcasse dans une cocotte et ajouter 3 à 4 litres d'eau et le sel. Porter à ébullition puis laisser frémir pendant 3 heures.

Filtrer le bouillon à l'aide d'un linge propre.

DEUXIÈME PARTIE

à partager

Rillettes de maquereau

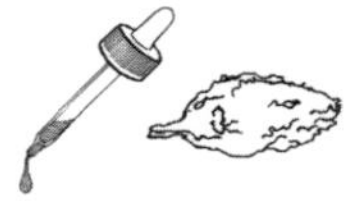

Tandis que le goût de la fleur de CBD se mêle à celui des épices, l'arôme du citron parfume délicatement l'huile.

Pour 4 personnes
10 min de préparation
12 h de réfrigération

1 c. à café de fleurs de CBD
1 c. à soupe d'huile infusée de fleurs de CBD (voir page 40)
1 boîte de maquereaux au vin blanc
le jus de ½ citron
1 c. à soupe de câpres
100 g de ricotta
1 pincée de paprika
1 pincée de poivre
6 feuilles de menthe ciselées (facultatif)
Sel

Égoutter les maquereaux, puis les émietter dans un bol à l'aide d'une fourchette. Ajouter le jus de citron et la ricotta. Vérifier l'assaisonnement et saler si nécessaire.

Ajouter l'huile infusée de fleurs, les câpres et les fleurs. Mélanger, vérifier et rectifier l'assaisonnement si nécessaire

Ajouter le paprika et le poivre, mélanger à nouveau. Ajouter éventuellement la menthe, bien mélanger, puis placer 12 heures au frais. Attention, plus la réfrigération sera longue, plus le goût des fleurs sera puissant !

Ketchup 

La tomate et la fleur de CBD se marient très bien, dialoguant toutes les deux sur des notes d'herbes sèches et mentholées. L'astringence de la fleur accompagne le sucre en longueur.

15 min de préparation
1 h de cuisson
12 h de repos

POUR 35 CL DE KETCHUP

1 c. à soupe de fleurs de CBD
1 c. à soupe d'huile infusée de fleurs de CBD (voir page 40)
1 c. à soupe de miel de CBD
1 gousse d'ail
1 oignon rouge
1 c. à café de concentré de tomate
50 cl de purée de tomate
1 c. à soupe de vinaigre balsamique
1 c. à café de sauce Sriracha
2 c. à soupe de sucre roux
1 pincée de piment d'Espelette
2 clous de girofle
1 c. à café de thym
1 c. à café de quatre-épices
1 c. à café de paprika
Sel, poivre

La veille, peler et couper en petits dés l'ail et l'oignon.

Dans une casserole, les faire revenir avec l'huile infusée jusqu'à ce que les oignons soient transparents (attention à ne pas les brûler). Ajouter le concentré de tomate et le miel, puis faire compoter le tout. Lorsque la sauce commence à caraméliser, arrêter la cuisson.

Ajouter la purée de tomate, le vinaigre, la sauce Sriracha, le sucre, le piment d'Espelette, les fleurs de CBD, les clous de girofle, le thym, le quatre-épices et le paprika. Remettre sur le feu et faire mijoter 30 à 40 minutes. Couvrir et laisser reposer toute une nuit.

Le jour même, goûter et rectifier l'assaisonnement si besoin. Chauffer à nouveau la sauce pendant 20 minutes : elle doit épaissir.

La passer ensuite au chinois en l'écrasant à l'aide d'une cuillère pour ne garder que la pulpe. Conserver le ketchup au frais 1 semaine maximum.

Crostinis au chèvre

La fleur et l'huile de CBD s'accordent très bien avec le fromage frais et apportent des notes d'agrumes, de poivre et d'herbes.

Pour 4 à 6 personnes
5 min de préparation

2 g de fleurs de CBD
Huile infusée de fleurs de CBD (voir page 40)
1 baguette
150 g de tomates séchées
150 g de fromage de chèvre frais
2 à 3 c. à soupe de câpres
1 c. à café de thym ou de sarriette
Sel, poivre

Couper le pain en tranches de 1 à 2 centimètres d'épaisseur.

Sur chaque tranche, déposer une tomate séchée, puis 1 cuillerée à soupe de fromage. Ajouter quelques câpres, parsemer de fleurs de CBD et de thym.

Saler, poivrer et arroser d'huile infusée.

Crème d'artichaut 

Les terpènes poivrés de la fleur de CBD et la note herbacée de l'huile permettent de lier le goût si particulier de l'artichaut à l'acidité du citron.

Pour 4 à 6 personnes
1 h de préparation
24 h de réfrigération

1 c. à café de fleurs de CBD
1 c. à soupe d'huile infusée de fleurs de CBD (voir page 40)
Le jus de 1 citron
4 artichauts poivrade
2 gousses d'ail
5 cl de vin blanc
2 à 3 c. à soupe de mascarpone
1 c. à soupe de parmesan râpé
Sel, poivre

ASTUCE
En Italie, il est fréquent d'utiliser une partie de l'eau de cuisson des pâtes pour émulsionner la sauce, comme pour les pâtes au pesto (voir page 104). Vous pouvez faire de même avec cette crème d'artichaut.

La veille, porter à ébullition un grand volume d'eau avec la moitié du jus de citron. Casser les tiges des artichauts et les tourner à l'aide d'un couteau d'office pour retirer les feuilles les plus dures. Couper la pointe des feuilles restantes. Plonger aussitôt les artichauts dans l'eau bouillante et faites-les cuire 40 à 45 minutes. Vérifier la cuisson avec la pointe d'un couteau.

Pendant ce temps, éplucher les gousses d'ail, retirer le germe et les faire blanchir 3 minutes dans le vin blanc.

Une fois les artichauts cuits, les essuyer avec un torchon propre. Retirer les feuilles encore dures, puis couper les artichauts en morceaux.

Dans un mixeur, mettre les artichauts, l'ail, le reste de jus de citron et mixer. Ajouter le mascarpone, le parmesan et mixer à nouveau jusqu'à l'obtention d'une crème. Ajouter les fleurs, l'huile infusée et continuer à mixer. Goûter et rectifier la quantité de mascarpone ou de fromage si nécessaire.

Verser dans un bol, couvrir de film alimentaire et placer 24 heures au réfrigérateur. Il est possible de déguster la crème sans attendre, mais les saveurs auront moins le temps de se mettre en place.

Le jour même, goûter et rectifier l'assaisonnement si nécessaire. À déguster sur des tartines ou avec de la pita.

Bulots mayonnaise

Les bulots permettent de révéler la touche à la fois iodée et épicée du CBD, qui, mélangé à la mayonnaise, offre au palais des saveurs subtiles.

Pour 2 personnes
1 h 30 de préparation
1 h de cuisson

500 g de bulots vivants
1 c. à soupe de gros sel
1 branche de céleri
1 carotte
2 feuilles de laurier
1 c. à café de graines de coriandre
1 branche de thym
Poivre

POUR LA MAYONNAISE
1 pincée de fleurs de CBD
1 c. à soupe d'huile infusée de fleurs de CBD (voir page 40)
1 jaune d'œuf
1 c. à café de moutarde
Huile d'olive
1 pincée de sel
1 filet de vinaigre

ASTUCE
Servez les bulots en apéritif ou accompagnés de frites de céleri-rave (voir page 110).

Rincer les bulots. Les placer dans un grand saladier, couvrir d'eau à hauteur, ajouter le gros sel et laisser dégorger pendant 1 heure. Bien les rincer à nouveau.

Laver le céleri et le détailler en tronçons de 1 centimètre de long. Peler la carotte et la couper en rondelles.

Dans une grande casserole, mettre le laurier, le céleri, la carotte, les graines de coriandre, le thym et couvrir de 1 litre d'eau. Ajouter les bulots et porter à ébullition. Laisser cuire à petits bouillons pendant 1 heure. À la fin de la cuisson, laisser refroidir dans l'eau avant d'égoutter. Réserver au frais.

Préparer la mayonnaise : dans un bol, mettre le jaune d'œuf, la moutarde, le sel et l'huile infusée. Fouetter avec un batteur en ajoutant de l'huile d'olive au fur et à mesure. Une fois la mayonnaise montée, ajouter les fleurs de CBD et le vinaigre, puis mélanger. Réserver au frais.

Huîtres à la mandarine

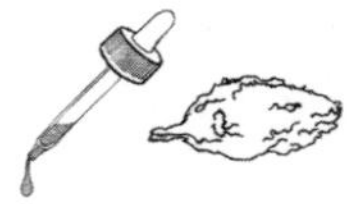

Au contact des huîtres et de l'huile de sésame, le CBD dévoile une note de noisette caramélisée qui tranche avec les saveurs des agrumes de cette recette.

Pour 2 personnes
15 min de préparation

6 huîtres n° 3

POUR LA VINAIGRETTE
1 c. à café de fleurs de CBD
2 gouttes d'huile full spectrum
1 mandarine
2 kumquats
2 brins de ciboulette
1 c. à café de sauce soja
1 c. à soupe d'huile d'olive
1 c. café d'huile de sésame
1 c. à café de gingembre frais râpé

Préparer la vinaigrette : presser la mandarine et zester les kumquats. Hacher la ciboulette. Dans un bol, verser le jus de mandarine, la sauce soja, l'huile d'olive, l'huile de sésame et l'huile full spectrum. Ajouter les zestes de kumquat, le gingembre, la ciboulette et les fleurs de CBD. Mélanger.

Ouvrir les huîtres et les disposer dans un plat. Ajouter 1 cuillerée à café de vinaigrette dans chaque huître et déguster aussitôt.

Gravlax 

Ainsi marinée, la fleur de CBD va lentement dégager de délicats parfums, des pointes de poivre et d'herbe anisée, en accord parfait avec la douceur du saumon en gravlax.

Pour 4 personnes
45 min de préparation
24 h minimum de repos

POUR LE GRAVLAX

1 c. à soupe de fleurs de CBD
1 pavé de saumon de 250 g
50 g de gros sel
25 g de sucre roux
2 c. à café de baies roses
2 c. à café de poivre noir en grains
1 c. à soupe d'aneth séché
1 c. à soupe de vodka

POUR LA SAUCE

Le jus de 1 citron
1 pot de crème fraîche
1 c. à soupe de moutarde
Fleur de CBD
Sel, poivre

ASTUCE

Délicieux avec la sauce citronnée (voir page 94), le gravlax est également très bon accompagné de pommes de terre tièdes.

La veille, préparer le gravlax : laver le pavé de saumon et retirer la peau à l'aide d'un couteau. Dans un saladier, mélanger le gros sel, le sucre, les baies roses, le poivre et l'aneth. Ajouter les fleurs de CBD et la vodka. Bien mélanger. Sur un morceau de papier sulfurisé, déposer une première couche de cette préparation, mettre le pavé de saumon par-dessus et recouvrir du reste du mélange. Refermer le papier autour du poisson en serrant bien (ficeler si besoin). Déposer la papillote dans un plat creux, car le saumon va rendre du jus. Placer 24 heures minimum au réfrigérateur.

Le jour même, retirer le saumon de la marinade et le rincer à l'eau. Une fois propre, il est encore raidi par le sel : le laisser dessaler 30 minutes dans un saladier d'eau froide pour l'attendrir. Le laisser sécher pendant quelques minutes avant de le servir. Le gravlax peut aussi se conserver une semaine au frais.

Croquetas 

Parfumée au CBD, la béchamel exhale des saveurs rappelant celles des résineux et d'aromatiques comme le romarin ou encore le thym. En plaçant la béchamel une nuit au frais, celle-ci aura le temps de s'imprégner du goût délicat de la noix de muscade.

Pour 4 personnes
30 min de préparation
12 h de réfrigération
1 h de cuisson

POUR LA BÉCHAMEL

1 c. à café de fleurs de CBD
50 g de beurre
50 g de farine
½ c. à café de noix de muscade râpée
50 cl de lait
½ oignon
50 g de jambon cru en tranches
1 c. à soupe d'huile d'olive
1 œuf
100 g de panko
75 cl d'huile de friture
Sel, poivre

La veille, préparer la béchamel : dans une casserole, faire fondre le beurre à feu moyen sans le faire brunir. Ajouter la farine et remuer avec une cuillère en bois jusqu'à l'obtention d'un roux. Ajoutez la noix de muscade. Verser le lait petit à petit, sans cesser de remuer. Attention à la puissance du feu, le fond ne doit pas attacher. Après 20 à 30 minutes de cuisson, la sauce doit avoir épaissi. Stopper alors la cuisson. Ajouter la fleur de CBD, saler et poivrer selon le goût. Réserver à température ambiante.

Peler et couper l'oignon en cubes de 0,5 cm de côté. Hacher le jambon cru.

Dans une petite casserole, faites revenir l'oignon et le jambon avec l'huile d'olive 5 minutes à feu moyen. Mettre l'oignon et le jambon dans la béchamel et placer au réfrigérateur pendant une nuit. La sauce aura le temps d'infuser et se figera, ce qui facilitera la confection des croquetas.

Le jour même, casser l'œuf dans une assiette creuse et le battre en omelette. Mettre la chapelure dans une autre assiette creuse. Dans une casserole, faire chauffer l'huile de friture en quantité suffisante pour immerger les croquetas.

Préparer les croquetas : à l'aide d'une cuillère à soupe, prélever un peu de béchamel afin de former une quenelle. Plonger celle-ci dans l'œuf battu, puis la rouler dans la chapelure. La déposer ensuite sur une grande assiette. Répéter l'opération pour toutes les croquetas.

Plonger les croquetas dans l'huile bien chaude en faisant attention à ne pas en mettre trop à la fois. Les faire dorer sur toute leur surface, puis les égoutter et les réserver sur une grille ou un linge propre. Laisser tiédir quelques minutes et déguster !

Asperges à la mayonnaise

L'huile infusée de fleurs ajoute de l'astringence à la mayonnaise, comme un écho au goût particulier de l'asperge. La fleur, elle, apporte une touche épicée.

Pour 2 personnes
15 min de préparation
10 min de cuisson

1 botte d'asperges vertes
½ citron
10 g de beurre
15 g de branches de CBD
Sel

POUR LA MAYONNAISE
1 botte d'asperge vertes ou blanches
1 jaune d'œuf
1 c. à soupe d'huile infusée de fleurs de CBD (voir page 40)
Huile d'olive
½ citron
1 c. à café de fleurs de CBD
Sel, poivre

Nettoyer les asperges et les peler à l'aide d'un économe en conservant les épluchures. Retirer la partie la plus dure et réserver dans de l'eau froide citronnée.

Pendant ce temps, porter à ébullition un grand volume d'eau additionnée des épluchures, des branches de CBD, de sel et du beurre. Ce procédé permettra aux asperges de conserver leur tendreté et leur blancheur. Les faire cuire dans l'eau frémissante 4 à 5 minutes (vérifier la cuisson à l'aide de la pointe d'un couteau, elle doit s'enfoncer facilement). Rincer les asperges à l'eau froide pour stopper la cuisson et les réserver au réfrigérateur.

Préparer la mayonnaise : réduire en purée les asperges vertes dans un mixeur. Dans un bol, monter la mayonnaise infusée de CBD (voir page 56). Ajouter la fleur de CBD et la purée d'asperge. Servez avec les asperges.

TROISIÈME PARTIE

les plats

Œuf à la coque 

Dans cette recette, l'huile de CBD apporte une fraîcheur rappelant celle du pin et qui aère délicatement la rondeur du jaune d'œuf.

Pour 1 personne
3 min de cuisson

2 gouttes d'huile full spectrum
1 œuf frais
Vinaigre
Sel

ASTUCE
Quelques mouillettes beurrées sur lesquelles vous aurez parsemé un peu de fleur de CBD accompagneront ce plat à merveille.

Porter à ébullition une casserole d'eau en ajoutant une goutte de vinaigre. Déposer délicatement l'œuf dans la casserole et le faire cuire 3 minutes dans une eau frémissante.

Sortir l'œuf, le placer dans un coquetier et l'ouvrir à l'aide d'un couteau. Ajouter les gouttes d'huile full spectrum sur le jaune et une pointe de sel. À déguster à la petite cuillère !

Salade betterave-Passion

L'huile infusée de fleurs et l'huile full spectrum permettent d'équilibrer la douceur de la betterave avec l'acidité du fruit de la Passion. La fleur de CBD intervient comme une épice, qui réveille ce plat par ses notes herbacée et poivrée.

Pour 2 personnes
15 min de préparation

1 pincée de fleurs de CBD
1 betterave cuite
Sel, poivre

POUR LA VINAIGRETTE
1 c. à soupe d'huile infusée de fleurs de CBD (voir page 40)
1 goutte d'huile full spectrum
1 échalote
1 fruit de la Passion
1 c. à café de vinaigre de riz
1 c. à café de sauce soja
1 c. à soupe d'huile d'olive
1 branche d'estragon

Peler et émincer l'échalote. Couper le fruit de la Passion en deux en conservant les graines.

Dans un bol, verser le vinaigre de riz, la sauce soja, l'huile d'olive, l'huile infusée et l'huile full spectrum et ajouter les graines du fruit de la Passion et l'échalote. Effeuiller la branche d'estragon, bien mélanger.

Éplucher la betterave si nécessaire, la couper en gros morceaux et la déposer dans une assiette creuse. Parsemer de fleurs de CBD, saler, poivrer et verser la vinaigrette par-dessus.

Salade burrata 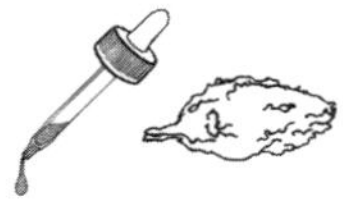

La mandarine et le kumquat se marient très bien avec l'huile infusée et la fleur de CBD et révèlent leurs saveurs d'agrumes. Tandis que la rondeur de la burrata permet de prolonger ces notes en bouche, le croquant de la salade met en valeur le goût poivré de la fleur.

Pour 4 personnes
20 min de préparation

1 c. à soupe de fleurs de CBD
1 c. à soupe d'huile infusée de fleurs de CBD (voir page 40)
2 à 3 champignons de Paris
3 tomates séchées
4 à 5 olives noires dénoyautées
3 kumquats
100 g de mesclun (roquette, pousses d'épinard, chicorée...)
1 burrata de 250 g
le jus de ½ mandarine
1 c. à soupe de câpres
1 c. de pain rassis écrasé ou de chapelure
1 c. à soupe d'huile d'olive
1 c. à soupe de vinaigre balsamique
Sel, poivre

ASTUCE
Si vous ne trouvez pas de kumquats, vous pouvez les remplacer par l'écorce de la mandarine.

Laver les champignons, puis les couper en fines lamelles. Hacher les tomates séchées et les olives finement. Couper les kumquats en julienne.

Dans un saladier ou un grand plat, mettre le mesclun et les champignons. Ajouter la burrata, verser le jus de mandarine par-dessus. Ajouter les tomates séchées, les câpres, les olives et la fleur de CBD.

Verser les huiles puis le vinaigre balsamique sur la salade. Saler et poivrer généreusement, puis ajouter les kumquats. Enfin, parsemer de miettes de pain.

Salade d'orange 

Associé à des agrumes, le CBD développe des saveurs de mandarine, de zeste de citron et de citronnelle tout en conservant son côté épicé.

Pour 4 personnes
20 min de préparation

1 c. à soupe de fleurs de CBD
2 c. à soupe d'huile infusée de fleurs de CBD (voir page 40)
1 oignon rouge
4 oranges sanguines
1 bulbe de fenouil
1 botte de persil plat
16 olives noires dénoyautées
Sel, poivre

Peler l'oignon et le couper en fines lamelles. Le mettre dans un bol d'eau froide et le laisser tremper quelques minutes pour diminuer son intensité. Éplucher les oranges à l'aide d'un couteau en retirant les pépins ainsi que la peau entourant chaque quartier. Puis, les couper en fines tranches. Répartir celles-ci sur 4 assiettes et parsemer de fleurs de CBD. Réserver.

Nettoyer le fenouil et le couper aussi finement que l'orange et l'oignon. Déposer les lamelles d'oignon et de fenouil sur les oranges, saler et poivrer.

À l'aide d'un couteau, hacher le persil et les olives noires. Les répartir dans les assiettes en veillant à l'harmonie des couleurs, puis arroser de l'huile infusée. Laisser reposer quelques minutes avant de déguster.

Ceviche

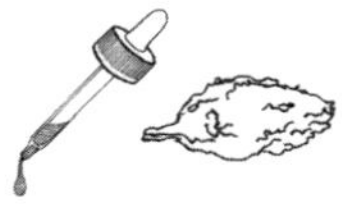

Le CBD apporte une amertume poivrée qui, sur la longueur, rappelle la vanille, la noix de coco ou encore la cerise.

Pour 2 personnes
30 min de préparation
30 min de repos

1 c. à café de fleurs de CBD
2 c. à soupe d'huile infusée de fleurs de CBD (voir page 40)
1 orange
1 citron vert
15 g de racine de gingembre
1 c. à café de piment frais finement haché
½ c. à café de sauce Sriracha
¼ d'oignon rouge
300 g de filet de daurade
2 branches de coriandre fraîche
Sel, poivre

La veille, presser la moitié de l'orange et la moitié du citron vert. Dans un bol, râper le gingembre, zester un quart du citron vert et un quart de l'orange. Ajouter le piment, le jus de citron vert et le jus d'orange, la sauce Sriracha et les fleurs de CBD. Mélanger, puis placer au réfrigérateur.

Dans un bol d'eau froide, faire tremper l'oignon rouge. À l'aide d'un couteau bien aiguisé, émincer à l'horizontale la dorade en fines lamelles. Disposer celles-ci dans 2 assiettes, couvrir de film alimentaire et placer au réfrigérateur.

Le jour même, égoutter l'oignon, le détailler en fins petit cubes et l'ajouter à la chair de poisson. Parsemer de coriandre. Verser la sauce de la marinade et l'huile infusée de fleurs de CBD. Déguster frais.

Bastelles 

Le CBD s'accorde bien avec le goût végétal des blettes. Ses saveurs vertes de menthe poivrée sont renforcées par le brocciu.

Pour 4 personnes
1 h 10 de préparation
45 min de cuisson
1 h de repos

POUR LA FARCE

2 c. à café de fleurs de CBD
1 botte de blettes
200 g de brocciu (ou, à défaut, de fromage frais)
Sel, poivre

POUR LA PÂTE À PAIN

1 c. à soupe d'huile infusée de fleurs de CBD (voir page 40)
1 sachet de levure de boulanger déshydratée
20 cl d'eau tiède
250 g de farine
3 g de sel

Nettoyer les blettes, puis couper le vert en morceaux de 10 cm de long environ. Les faire blanchir 10 minutes dans un grand volume d'eau à ébullition. Les égoutter et les arroser d'eau froide pour stopper la cuisson. Bien presser les feuilles entre les doigts pour retirer le maximum d'eau. Réserver.

Réaliser la pâte à pain : dans un petit bol, délayer la levure de boulanger dans l'eau tiède. Dans un saladier, mélanger la farine et le sel. Ajouter la levure petit à petit tout en pétrissant la pâte du bout des doigts. Former une boule, ajouter l'huile infusée. Couvrir avec un chiffon et laisser reposer 30 minutes. Une fois le temps de repos écoulé, pétrir de nouveau la pâte pour bien incorporer l'huile. Laisser reposer 30 minutes de plus.

Pendant ce temps, émincer finement les vert des blettes à l'aide d'un couteau. Mettre les feuilles, le fromage et la fleur de CBD dans un saladier, bien mélanger. Saler et poivrer. Ne pas hésiter à poivrer de nouveau si nécessaire, le plat doit être relevé. Réserver.

Préchauffer le four à 200 °C. Diviser la pâte en 4 morceaux, puis les étaler sur un plan de travail fariné en cercles de 3 à 4 mm d'épaisseur. Déposer un peu de farce sur la moitié de chaque cercle en laissant une bordure de 2 cm. Humidifier cette bordure, puis replier l'autre moitié sur la farce pour former un chausson. Humidifier de nouveau, replier les bords pour en faire un ourlet, écraser à l'aide d'une fourchette pour bien sceller. Enfourner pour 20 à 30 minutes. Les bastelles se dégustent aussi bien chaudes que froides.

Foie gras poêlé 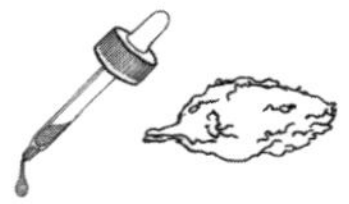

Le rond gras du foie et du bouillon prennent la première place, puis finit par laisser la place aux saveurs herbacées du CBD et du thé noir, accentuant la longueur en bouche par un dialogue entre le gras et le vert.

Pour 4 personnes
10 min de préparation
20 min de cuisson

400 g de foie gras frais
50 cl de bouillon de poule
1 c. à soupe d'huile infusée de fleurs de CBD (voir page 40)
1 c. à soupe de fleurs de CBD
1 c. à soupe de thé noir
Sel, poivre

Dénerver le foie frais et le couper en 4 escalopes. Réserver au frais.

Porter le bouillon à ébullition. Hors du feu, y plonger le thé noir et la fleur de CBD et laisser infuser 10 à 15 minutes.

Pendant ce temps, dans une poêle, faire saisir les escalopes avec l'huile infusée 30 secondes sur chaque face. Déposer chaque escalope dans une assiette creuse. Verser le bouillon par-dessus jusqu'à mi-hauteur en le filtrant à l'aide d'un chinois. Saler et poivrer.

02

Salade de bœuf

L'astringence de la fleur et de l'huile infusée épouse la saveur poivrée si particulière du basilic thaï, tout en révélant des notes de noix au contact de la cacahuète et du sésame.

Pour 2 personnes
20 min de préparation
5 min de cuisson

2 c. à café de fleurs de CBD
1 c. à soupe d'huile infusée de fleurs de CBD (voir page 40)
1 échalote
5 brins de ciboulette
3 branches de basilic thaï
1 citron vert
250 g d'onglet de bœuf
1 c. à soupe de nuoc-mâm
1 c. à soupe de cacahuètes séchées
1 c. à café de graines de sésame
1 c. à café de graines de fenouil
Sel, poivre

POUR LA VINAIGRETTE
1 c. de sauce soja
1 c. à café de sauce Sriracha
1 c. à soupe d'huile de sésame

Peler et émincer 1 échalote. Ciseler la ciboulette et les feuilles de basilic thaï. Presser le citron vert.

Dans une poêle bien chaude et sans matière grasse, faire saisir l'onglet 20 secondes sur chaque face, un simple aller et retour, l'intérieur doit rester bleu. Couper en fines lamelles, puis mettre la viande dans un saladier. Ajouter l'échalote, la ciboulette et le basilic thaï. Verser le nuoc-mâm, l'huile infusée et le jus de citron vert. Parsemer de fleurs de CBD.

Dans une poêle, faire torréfier les cacahuètes avec les graines de sésame et de fenouil (attention à ne pas les brûler). Puis, les réduire en petits morceaux à l'aide d'un pilon.

Préparer la vinaigrette : dans un petit bol, émulsionner la sauce soja avec la sauce Sriracha et l'huile de sésame. La verser sur la viande, parsemer de cacahuètes et de graines torréfiées. Vérifier l'assaisonnement et rectifier si nécessaire en ajoutant sel, poivre ou jus de citron.

Tartare de veau 

Alors que l'huile de CBD ajoute de l'astringence à ce tartare de veau, la fleur, elle, apporte une note poivrée.

Pour 2 personnes
15 min de préparation

1 c. à café de fleurs de CBD
1 c. à soupe d'huile infusée de fleurs de CBD (voir page 40)
2 gouttes d'huile full spectrum
½ citron vert
1 échalote
3 tomates séchées
1 escalope de veau de 200 g
1 c. à café de sauce soja
1 c. à soupe de câpres
1 c. à café de moutarde

ASTUCE
Vous pouvez remplacer les câpres par de la salicorne.

Presser le citron vert. Peler l'échalote, puis la couper en mirepoix. Émincer les tomates séchées de la même manière.

Détailler l'escalope en petits dés, puis les mettre dans un saladier. Arroser du jus de citron vert et de la sauce soja, ajouter les tomates, l'échalote, les câpres, la moutarde et l'huile infusée. Mélanger.

Répartir le tartare dans les assiettes. Parsemer de fleurs de CBD et ajouter 1 goutte d'huile full spectrum par personne.

Papillotes de poulet

Utiliser les branches de CBD pendant la cuisson confère à la viande un parfum de foin herbacé. Celui-ci est mis en valeur par le brie.

Pour 2 personnes
15 min de préparation
40 min de cuisson

125 g de brie
2 blancs ou hauts de cuisse (avec la peau) de poulet
Branches de CBD en quantité suffisante pour recouvrir la viande
1 c. à soupe de vinaigre de cidre
Sel, poivre

Préchauffer votre four à 200 °C (th. 6-7). Découper le brie en fines tranches.

Inciser la viande et glisser sous la peau les tranches de fromage. Saler, poivrer.

Garnir un plat à four d'une feuille d'aluminium de 40 cm de long environ. Y déposer la moitié des branches de CBD, les morceaux de poulet par-dessus, puis recouvrir des branches restantes. Refermer en papillote.

Enfourner, baisser la température à 180 °C (th. 6) et laisser cuire 30 minutes. À la fin de la cuisson, éteindre le four et laisser reposer le plat à l'intérieur 5 à 10 minutes.

Sortir du four et ouvrir la papillote pour récupérer le jus. Le mélanger avec le vinaigre de cidre dans un bol.

Découper le poulet, le déposer dans un plat ou directement dans les assiettes, arroser de sauce et déguster.

Boulettes au bouillon

Ainsi infusées, les branches accompagnent la citronnelle et apportent au bouillon une note végétale. La fleur quant à elle exhale son parfum poivré et mentholé en accord parfait avec les boulettes.

Pour 4 personnes
20 min de préparation
10 min de cuisson

POUR LE BOUILLON

1 poignée de branches de CBD
1 l de bouillon de poule (voir page 44)
1 bâtonnet de citronnelle
1 gousse d'ail
1 c. à soupe de graines de fenouil
1 champignon séché
1 c. à soupe de sauce soja
1 c. à café d'huile de sésame

POUR LES BOULETTES

1 c. à soupe de fleurs de CBD
½ citron vert
1 oignon blanc
2 cm de racine de gingembre frais
½ bouquet de coriandre fraîche
1 gousse d'ail
1 botte de ciboule
200 g de steak haché
1 c. à soupe de sauce soja
2 champignons de Paris
½ bouquet de ciboulette

Préparer le bouillon : verser le bouillon dans une casserole, ajouter les branches de CBD et porter à ébullition. Laisser frémir pendant 30 minutes. Filtrer à l'aide d'un chinois et remettre à chauffer à feu doux. Couper le bâtonnet de citronnelle en deux dans le sens de la longueur, écraser l'ail. Les ajouter au bouillon ainsi que les graines de fenouil. Couvrir et laisser frémir pendant 1 heure. Ajouter le champignon séché, la sauce soja et l'huile de sésame. Laisser cuire encore 20 minutes.

Pendant ce temps, préparer les boulettes de viande : presser le citron vert (en réserver un peu pour le dressage), hacher finement l'oignon. Râper le gingembre, ciseler la moitié de la coriandre, écraser l'ail. Émincer la ciboule en conservant autant de blanc que de vert, puis la faire blanchir 2 à 3 minutes dans de l'eau bouillante. À la fin de la cuisson, la plonger dans l'eau froide. La mettre ensuite dans un saladier et ajouter la viande hachée. Ajouter l'ail, le gingembre, la coriandre, le jus de citron, la fleur de CBD et la sauce soja. Mélanger pour que les ingrédients soient bien répartis dans la viande. Laisser reposer une dizaine de minutes. Pendant ce temps, émincer les champignons, ciseler la ciboulette.

Confectionner des boulettes d'un diamètre de 3 cm environ en les roulant dans le creux de la main. À l'aide d'une écumoire, les plonger 30 secondes dans le bouillon en les retournant. La viande ne doit pas être trop cuite et doit rester juteuse.

Répartir les boulettes, la ciboulette, les champignons et la coriandre restante dans des assiettes creuses ou des bols. Arroser de quelques gouttes du jus de citron vert restant et verser le bouillon jusqu'à hauteur en le filtrant à l'aide d'un chinois.

Pot-au-feu 

En parsemant le bouillon encore chaud de fleurs de CBD, on apporte une tension végétale à ce pot-au-feu.

Pour 4 personnes
20 min de préparation
4 h de cuisson
1 nuit de repos

2 c. à soupe de fleurs de CBD
500 g de bœuf (morceau au choix : culotte, gîte, tranche, plat de côtes...)
1 bonne poignée de gros sel
1 poireau
1 carotte
1 panais
1 navet
1 oignon
2 clous de girofle
1 bouquet garni
4 tranches de pain ou 1 tronçon de baguette coupé en quatre

ASTUCE

Il est facile d'utiliser les restes de pot-au-feu : la viande peut servir à un hachis parmentier, le bouillon pour la recette des boulettes au bouillon (voir page 88) ou la cuisson de pâtes, la viande et les légumes peuvent être transformés en farce, etc.

La veille, ficeler la viande pour que la chair ne se délite pas à la cuisson et la placer dans une cocotte. Ajouter 2 l d'eau, le gros sel et porter à ébullition. Écumer le bouillon pour l'éclaircir, puis baisser le feu. Couvrir et laisser cuire à petits bouillons pendant 1 heure. Laisser refroidir, puis placer la cocotte au réfrigérateur.

Le jour même, retirer le gras en surface à l'aide d'une cuillère, puis faire chauffer la cocotte à feu moyen.

Pendant ce temps, laver les poireaux et les couper en tronçons d'une dizaine de centimètres de long. Les ficeler pour qu'ils se tiennent pendant la cuisson. Éplucher et couper la carotte en deux dans le sens de la largeur, puis en deux dans la longueur. Faire de même avec le panais. Peler le navet et le couper en deux. Éplucher l'oignon et le couper en deux dans le sens de la largeur, y piquer les clous de girofles.

Ajouter tous les légumes et le bouquet garni au bouillon. Augmenter le feu, écumer si besoin. Couvrir et laisser cuire à petits bouillons 2 h 30.

Répartir dans des assiettes creuses les morceaux de pain, la viande et les légumes et couvrir de bouillon. Parsemer de fleurs de CBD et déguster.

Moules fumées

Les branches de CBD apportent une saveur fumée, qui n'est pas sans rappeler celle d'un résineux et d'un champignon. Le jus de cuisson parfumé à la fleur de CBD évoque, lui, la noix de muscade.

Pour 4 personnes
30 min de préparation
10 min de cuisson

1 c. à café de fleurs de CBD
30 g de branches de CBD
½ l de moules
½ oignon
60 g de beurre
½ verre de vin blanc
Poivre

ASTUCE
Pour accompagner ce plat, vous pouvez servir des frites de céleri (voir page 110).

Gratter les moules et les rincer à l'eau. Peler et couper l'oignon en petits dés.

Dans une cocotte, faire revenir l'oignon avec le beurre et le vin blanc à feu vif. Bien mélanger, puis, une fois le beurre fondu, ajouter les moules. Baisser le feu. Lorsque les moules s'ouvrent, les retirer à l'aide d'une écumoire et les placer sur une grille. Baisser de nouveau le feu sous la cocotte et ajouter les fleurs de CBD.

Dans une sauteuse, faire flamber les branches de CBD. Placer une grille sur la sauteuse, puis couvrir : les branches vont s'éteindre et laisser place à la fumée. Déposer dessus les moules pour les faire fumer.

Une fois les moules fumées, les répartir dans 4 assiettes creuses. Arroser du jus de cuisson et poivrer.

Haddock et crème citronnée

Avec cette cuisson douce, le CBD développe des parfums d'agrumes et des saveurs herbacées.

Pour 2 personnes
10 min de préparation
5 min de cuisson

1 c. à soupe de fleurs de CBD
1 goutte d'huile full spectrum
2 c. à soupe d'huile infusée de fleurs de CBD (voir page 40)
200 g de haddock fumé
2 c. à soupe de crème fraîche
le jus de ½ citron
1 bouquet de mâche
1 c. à soupe de vinaigre de cidre
Sel, poivre

Retirer la peau du haddock, puis le couper en tranches de 2 cm d'épaisseur. Les placer dans un sac de congélation, parsemer de fleurs de CBD, refermer le sac et bien secouer.

Dans un bol, mélanger la crème avec le jus de citron, saler et poivrer, puis ajouter une goutte d'huile full spectrum. Mettre la crème dans un sac de congélation et refermer.

Remplir une bouilloire d'eau et la porter à ébullition. Déposer les sacs à l'intérieur et laisser cuire dans l'eau chaude.

Pendant ce temps, nettoyer puis essorer la mâche. La répartir dans 2 bols, arroser avec l'huile infusée restante et le vinaigre de cidre. Déposer les tranches de haddock et, par-dessus, la crème citronnée. Saler, poivrer.

Rouget au thé vert 

Le CBD développe le goût du thé vert tout en apportant cette note si distinctive de fleur de cannabis. Cette infusion accompagne le goût prononcé et délicat du rouget qui se caractérise par l'amertume de sa peau grillée et la délicatesse de sa chair.

Pour 4 personnes
15 min de préparation
10 min de cuisson

8 filets de rouget barbet
2 gousses d'ail
2 tasses d'expresso de thé vert (voir page 41)
2 c. à café de fleurs de CBD
1 c. à soupe de graines de sésame
1 c. à soupe de beurre clarifié de CBD
1 c. à café de piment d'Espelette
4 c. à café de jus de citron

ASTUCE

Ce plat sera délicieux accompagné d'une purée de panais (voir page 98).

Peler et émincer l'ail.

Dans une poêle, faire torréfier les graines de sésame. Réserver.

Dans une autre poêle, faire revenir les filets côté peau sans matière grasse 5 minutes (la partie centrale doit rester rosée). Retirer les filets et les répartir dans 4 assiettes creuses. Verser le thé vert par-dessus et réserver.

Dans la poêle encore chaude, faire revenir l'ail avec le beurre clarifié pendant 30 secondes, puis verser le beurre sur les rougets en le filtrant à l'aide d'un chinois. Parsemer de graines de sésame.

Saint-Jacques au beurre et purée de panais

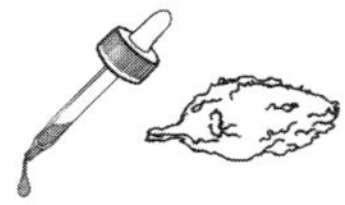

L'huile full spectrum à un goût herbacé prononcé, tandis que la fleur affiche une note poivrée rappelant la noix de muscade. Associées aux Saint-Jacques, toutes deux vont émettre un goût à la fois iodé et proche de la noisette, rehaussé par la saveur aigre-douce du vinaigre. Avec le panais et à la crème fraîche, la fleur de CBD révèle des saveurs d'anis et d'artichaut.

Pour 2 personnes
25 min de préparation
15 min de repos
45 min de cuisson

2 c. à café de fleurs de CBD
2 gouttes d'huile full spectrum
8 noix de Saint-Jacques
1 c. à soupe de beurre clarifié (ou ghee) au CBD
1 c. à soupe de vinaigre balsamique
1 bouquet de persil ciselé
Sel, poivre

POUR LA PURÉE DE PANAIS
1 c. à café de fleurs de CBD
1 c. à soupe d'huile infusée de fleurs de CBD (voir page 40)
250 g de panais
1 l de bouillon de poule (voir page 44)
1 c. à soupe de jus de citron
2 c. à soupe de crème fraîche
1 c. à café de romarin

Préparer la purée. Laver, éplucher, et couper les panais en morceaux. Les mettre dans une casserole, ajouter le bouillon de poule. Faire cuire 20 minutes à feu doux. Vérifier la cuisson à l'aide d'un couteau, ils doivent être tendres à cœur. Égoutter les panais en conservant un peu de bouillon et les passer sous l'eau froide pour stopper la cuisson. Dans un blender, mixer les panais, le jus de citron, la crème fraîche, l'huile infusée, la fleur de CBD et le romarin. Remettre la purée dans la casserole, ajouter 1 louche de bouillon de poule et faire réchauffer à feu doux. Saler, poivrer.

Mettre les noix dans une assiette et laisser reposer 15 minutes afin qu'elles s'assèchent.

Dans une poêle, faire saisir les noix de Saint-Jacques avec le beurre clarifié 3 à 4 minutes sur toutes les faces (elles doivent être dorées à l'extérieur). Réserver.

Déglacer la poêle avec le vinaigre. Hors du feu, ajouter la fleur de CBD en l'émiettant et l'huile full spectrum.

Répartir les Saint-Jacques dans 2 assiettes, arroser du jus de cuisson et parsemer de persil. Saler, poivrer et servir avec la purée de panais.

Risotto au citron

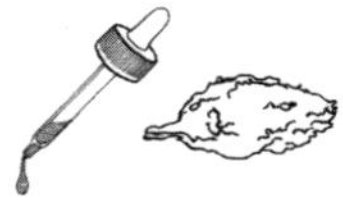

Mélangé au champignon, le zeste de citron révèle les saveurs subtiles de la fleur de CBD, une fraîcheur d'agrumes et de terre chaude, proche de celle du thym.

Pour 4 personnes
5 min de préparation
40 min de cuisson

1 c. à café de fleurs de CBD
1 c. à soupe d'huile de CBD
1 gousse d'ail
350 g de riz pour risotto
1 c. à soupe d'huile d'olive
1 l de bouillon de poule
½ champignon shiitaké
1 citron non traité
Sel, poivre

Peler et hacher finement l'ail.

Dans une poêle à bords hauts, faire revenir le riz avec l'huile d'olive. Quand il commence à devenir transparent, verser du bouillon à hauteur. Mélanger constamment à feu doux en ajouter le bouillon au fur et à mesure jusqu'à ce que le riz devienne crémeux (tout en restant tendre à l'intérieur). Après 20 minutes de cuisson, ajouter l'ail. Cinq minutes avant la fin de la cuisson, râper le champignon au-dessus du risotto.

Répartir le risotto dans 4 assiettes, zester le citron par-dessus et parsemer de fleurs de CBD. Saler, poivrer.

Coquillettes au beurre de sauge

La fleur de CBD accompagne les saveurs camphrées de la sauge. En présence du citron, elle révèle un savoureux mélange de menthe poivrée et d'amertume herbacée. Le parmesan vient arrondir le goût étonnament fromagé de la fleur.

Pour 2 personnes
5 min de préparation
10 min de cuisson

1 c. à café de fleurs de CBD
150 g de coquillettes
40 g de beurre
5 feuilles de sauge
1 citron
2 c. à soupe de parmesan râpé
Sel, poivre

Faire cuire les coquilles *al dente* dans un grand volume d'eau salée selon les indications sur le paquet. Les égoutter et réserver.

Dans une casserole, faire fondre le beurre à feu doux, puis ajouter la sauge et la fleur de CBD. Laisser cuire 2 à 3 minutes (la sauge ne doit pas griller pour ne pas dénaturer son goût).

Retirer les feuilles de sauge et ajouter les coquillettes. Les napper de sauce en les remuant pendant 2 minutes.

Servir les coquillettes dans 2 assiettes. Saler, poivrer, zester le citron par-dessus et parsemer de parmesan.

Pâtes au pesto

La fleur et l'huile de CBD apportent un goût fruité et poivré au pesto.

Pour 4 personnes
15 min de préparation
20 min de cuisson

600 g de trofie
Huile d'olive
Sel, poivre

POUR LE PESTO
1 bouquet de basilic frais
30 g de pignons de pin
1 gousse d'ail
50 g de parmesan ou de pecorino râpé
1 c. à soupe d'huile infusée de fleurs de CBD (voir page 40)
1 c. à café de fleur de CBD
1 c. à soupe d'huile d'olive
Sel

VARIANTE
Cette recette est celle du pesto *alla genovese*, le plus classique. Pour un pesto *alla trapanese* (ou *rosso*), vous pouvez ajouter 4 à 5 tomates séchées ; ou encore préparer un pesto *alla Portofino* en remplaçant les pignons de pin par des amandes.

Préparer le pesto : laver et ciseler le basilic. Peler et émincer l'ail. Dans un mortier, écraser le basilic avec les pignons de pin. Ajouter l'ail, le parmesan, les fleurs de CBD et l'huile infusée en pilant bien entre chaque ingrédient. Saler, poivrer et goûter afin de rectifier l'assaisonnement si nécessaire. Piler de nouveau en allongeant la sauce avec l'huile d'olive. Réserver au frais, à l'abri de la lumière.

Faire cuire les pâtes *al dente* (5 à 6 minutes) dans un grand volume d'eau salée. Les égoutter en conservant l'eau de cuisson. Verser un filet d'huile d'olive sur les pâtes et secouer la passoire pour les enrober.

Allonger le pesto avec l'eau de cuisson, bien mélanger pour obtenir une sorte d'émulsion. Dans des assiettes creuses, répartir les pâtes et par-dessus la sauce. Saler, poivrer et ajouter un filet d'huile selon le goût.

Navets au miel

Tandis que le miel de CBD apporte une note aigre-douce, la fleur ajoute une touche poivrée, en accord avec les saveurs subtiles d'amertume et de miel qui caractérisent ce plat.

Pour 2 personnes
10 min de préparation
10 min de cuisson

1 c. à soupe de fleurs de CBD
1 c. à soupe de miel de CBD
1 botte de navets nouveaux
1 c. à soupe de beurre
Sel, poivre

ASTUCE
Vous pouvez garder les feuilles des navets pour un bouillon de légumes (voir page 106).

Nettoyer et éplucher les navets, les couper en deux. Dans une poêle, les faire revenir avec le beurre comme des pommes de terre, en les faisant sauter et légèrement dorer. Ajouter le miel de CBD, bien mélanger pour caraméliser les navets. Couvrir la poêle et laisser mijoter 15 minutes à feu doux en remuant régulièrement afin que les navets ne s'assèchent pas.

Vérifier la cuisson à l'aide d'un couteau, les navets doivent être tendres. Saler, poivrer et parsemer de fleurs de CBD.

Légumes vapeur 

Le CBD peut prendre un goût d'artichaut mentholé - peut-être l'effet de la chlorophylle ? - qui cohabite avec une amertume anisée. La saveur poivrée de la fleur rehausse la douceur des légumes.

Pour 2 personnes
15 min de préparation
20 min de cuisson

1 c. à soupe de fleurs de CBD
1 botte de carottes nouvelles
1 botte de navets nouveaux
1 botte d'oignons nouveaux
150 g de pois gourmands
150 g de haricots verts
1 pincée de sel

POUR LA VINAIGRETTE
2,5 c. à soupe d'huile de CBD
1 c. à café de miel de CBD
1 échalote
1 c. à café de jus de citron
1 c. à café de sauce soja
1 c. à café de gingembre frais râpé
Sel, poivre

ASTUCE
Les fanes des carottes et des navets feront le régal de votre lapin si vous en avez un. Sinon, gardez-les pour le compost !

Laver les carottes, les navets, les oignons, les pois gourmands et les haricots verts. Retirer les fanes des carottes et des navets, ne garder que la partie blanche des oignons. Équeuter les haricots.

Remplir d'eau une grande casserole muni d'un panier vapeur et la porter à ébullition. Dans un panier vapeur, disposer les navets et les carottes en premier, puis, par-dessus, les oignons, les pois gourmands et les haricots verts. Parsemer de fleurs de CBD, saler et mettre le panier sur la casserole. Couvrir et laisser cuire 15 à 20 minutes, les légumes doivent être tendres.

Préparer la vinaigrette : peler et émincer finement l'échalote. Dans un bol, mélanger le jus de citron avec la sauce soja, puis ajouter le gingembre, l'échalote, le miel et enfin l'huile de CBD. Saler, poivrer.

Servir les légumes encore chauds accompagnés de la vinaigrette.

Frites de céleri-rave 

Apportant une note de noisette, la fleur de CBD épice le céleri et révèle son goût si singulier, à la fois sucré et anisé.

Pour 2 personnes
10 min de préparation
10 min de cuisson

1 c. à soupe de fleurs de CBD
1 céleri-rave de 400 g environ
Jus de citron
2 c. à soupe de graisse de canard
2 c. à café de gros sel
1 c. à café de poivre

ASTUCE
Cette recette fera un parfait accompagnement pour les bulots mayonnaise (voir page 56), le tartare de veau (voir page 84) ou encore les moules fumées (voir page 92).

Éplucher le céleri, le couper en frites d'une épaisseur de 1 cm. Puis, les plonger dans un saladier d'eau froide additionnée de citron (pour éviter l'oxydation). Essorer les frites et les sécher à l'aide d'un chiffon propre.

Dans une poêle, faire fondre la graisse de canard, puis faire dorer les frites sans cesser de remuer pour bien les enrober. Laisser cuire 10 minutes.

Déposer les frites sur du papier absorbant, saler, poivrer et parsemer de fleurs de CBD.

Velouté de topinambours 

La fleur de CBD apporte un discret goût de noix de cajou ainsi que quelques notes poivrées à ce velouté.

Pour 4 personnes
15 min de préparation
20 min de cuisson

2 c. à soupe de fleurs de CBD
500 g de topinambours
Jus de citron
50 cl de bouillon de légumes (voir page 44)
2 c. à soupe de crème fraîche épaisse
6 noisettes concassées
Sel, poivre

Laver les topinambours, les éplucher, puis les plonger dans de l'eau froide additionnée de jus de citron (pour éviter l'oxydation). Les mettre dans une casserole, verser du bouillon à hauteur et faire cuire 20 minutes à feu doux. Vérifier la cuisson à l'aide d'un couteau, ils doivent être tendres à cœur.

Hors du feu, ajouter la fleur de CBD. Couvrir et laisser infuser.

Dans un blender, mixer les topinambours avec le bouillon de cuisson (il doit rester 25 cl environ) et la crème fraîche.

Verser le velouté dans des bols, parsemer de noisettes, saler, poivrer et servir.

QUATRIÈME PARTIE

les gourmandises

Bonbons au miel

Le miel et le CBD sont deux aliments naturels non transformés qui s'accordent particulièrement bien. Pour cette recette, n'hésitez pas à mélanger plusieurs types de miel.

10 min de préparation
5 min de cuisson
1 h 30 de repos

POUR UNE QUINZAINE DE BONBONS

1 g de fleurs de CBD
7 gouttes d'huile à 15 % de CBD
125 g de cassonade
25 g de miel
50 g d'eau

ASTUCES

Plus le miel sera doux, plus le goût du CBD ressortira. Afin que la fleur de CBD diffuse le mieux possible son parfum, laisser monter le sirop en température lentement.

Hacher finement les fleurs de CBD. Les mettre dans un bol, ajouter le miel, le sucre et l'huile de CBD et écraser à l'aide d'une fourchette.

Mettre le tout dans une casserole, verser l'eau et faire chauffer à feu doux. Prendre la température à l'aide d'un thermomètre de cuisson : lorsque le mélange atteint 160 °C, remplir des petits moules en adaptant la quantité versée selon l'épaisseur et la taille souhaitée. Laisser refroidir.

Démouler les bonbons dans du sucre glace. Bien les enrober, puis les laisser 1 heure dedans. Conserver au sec et à l'abri de la chaleur.

Cups chocolat-cacahuètes

Le goût herbacé du CBD trouve très bien sa place entre les arômes du chocolat et du beurre de cacahuètes. De plus, ces deux ingrédients étant composés de corps gras, le CBD est ici ingéré de manière optimale.

10 min de préparation
2 h 20 de réfrigération

POUR 6 CUPS

1,2 g de fleurs de CBD décarboxylées au four (voir page 38) + 1 petite pincée pour la décoration
200 g de chocolat noir
2 c. à soupe de beurre de cacahuètes « crunchy »
1 c. à soupe de sucre glace
1 c. à café d'huile de coco

ASTUCES

Vous pouvez décorer vos cups à la feuille d'or. Agréable à l'œil et en bouche, celle-ci posséderait en outre des vertus similaires à celles du CBD.

Hacher finement les fleurs de CBD. Faire fondre la moitié du chocolat avec les fleurs au bain-marie.

Remplir des moules à cupcakes en silicone de chocolat fondu jusqu'à la moitié de leur hauteur. Bien enduire les bords de chocolat à l'aide d'un pinceau. Placer au réfrigérateur 20 minutes.

Pendant ce temps, dans un petit bol, mélanger le beurre de cacahuètes avec le sucre glace et l'huile de coco. Réserver.

Une fois le chocolat durci, verser le mélange beurre de cacahuètes-sucre glace par-dessus. Faire fondre le reste de chocolat au bain-marie et en recouvrir les cups. Parsemer le dessus de la tartelette de fleur de CBD finement hachée

Placer au réfrigérateur 2 heures minimum avant de déguster.

Minimadeleines

La fleur de CBD apporte un renouveau à cette recette créée tout spécialement à la demande du roi Stanislas de Pologne en 1755.

25 min de préparation
10 à 15 min de cuisson
par fournée

POUR 35 MINIMADELEINES

40 g de beurre de Marrakech (voir page 42)
40 g de beurre
3 œufs
100 g de sucre
1 pincée de sel
120 g de farine
4 g de levure chimique
1 g de zeste de citron
1 g de zeste de d'orange
1 c. à café d'eau de fleur d'oranger

ASTUCE

Vous pouvez utiliser de la graisse alimentaire ou du beurre si les moules ne sont pas antiadhésifs.

Préchauffer le four à 170 °C (th. 5-6). Faire fondre les beurres au bain-marie.

Dans un bol, fouetter les œufs avec le sucre et le sel. Ajouter la farine et la levure, mélanger.

Incorporer les beurres fondus, puis ajouter les zestes de citron et d'orange, et l'eau de fleur d'oranger.

Verser la préparation dans des moules à madeleines. Enfourner pour 10 à 15 minutes selon la cuisson désirée.

Pancakes

Sucre, pâte à tartiner, confiture... Vous allez pouvoir associer le goût du CBD à toutes sortes d'ingrédients et ainsi varier les plaisirs à l'infini avec cette recette !

Pour 4 à 5 personnes
25 min de préparation
20 min de cuisson

2 g de fleurs de CBD
75 de beurre de Marrakech (voir page 42)
15 ml de lait demi-écrémé
½ gousse de vanille
2 œufs
125 g de farine
1 c. à café de levure chimique ou de bicarbonate
2 c. à soupe de sucre
1 pincée de sel

ASTUCE

Pour conserver vos pancakes jusqu'au lendemain, enveloppez-les de film alimentaire, puis placez-les au réfrigérateur. Le lendemain, passez-les 30 secondes au grille-avant de les déguster.

Hacher très finement les fleurs de CBD, puis les mettre dans une casserole avec le lait. Fendre la demi-gousse de vanille en deux dans le sens de la longueur, gratter les graines à l'aide d'un couteau aiguisé et mettre le tout dans la casserole. Porter à ébullition en mélangeant avec un fouet ou une spatule afin d'éviter que le lait brûle. Une fois l'ébullition atteinte, baisser aussitôt le feu au minimum. Laisser chauffer 10 minutes puis éteindre le feu. Laisser reposer jusqu'à ce que le mélange tiédisse.

Séparer les blancs des jaunes d'œufs. Ajouter les 2 jaunes d'œufs au lait infusé, réserver les blancs. Dans un grand bol, mélanger la farine, la levure, le sucre et le sel. Retirer les gousses de la préparation liquide et l'ajouter aux ingrédients secs. Dans un autre bol, battre les blancs en neige et les incorporer à la pâte.

Dans une poêle, faire fondre le beurre de Marrakech. Verser une demi-louche de pâte et faire cuire 1 à 2 minutes sur chaque face à feu moyen.

Cookies au chocolat

Le chocolat et l'arôme de fleur d'oranger se marient particulièrement bien avec le goût du CBD. En variant la taille des cookies, vous pourrez ajuster la dose de CBD ingérée.

45 min de préparation
10 à 15 min de cuisson
par fournée

POUR 35 COOKIES

60 g de beurre de Marrakech (voir p. 42) pommade
100 g de chocolat noir pâtissier à 72 % de cacao
60 g de beurre pommade
100 g de cassonade
1 pincée de sel
1 œuf
1 c. à soupe d'arôme de fleur d'oranger
260 g de farine
1 sachet de levure chimique

ASTUCE

Le beurre de Marrakech est particulièrement adapté à la pâtisserie, car il permet de doser avec précision le CBD selon la corpulence et l'effet recherché.

Préchauffer le four à 150 °C (th. 5). Hacher le chocolat en petites brisures. En réserver un quart parmi les plus grosses pour le dessus des cookies.

Dans un grand bol, mélanger les beurres avec la cassonade et le sel à l'aide d'une fourchette. Ajouter l'œuf et l'arôme de fleur d'oranger.

Dans un autre bol, mélanger la farine et la levure. Ajouter le mélange beurre-sucre, bien mélanger à la main et former une boule de pâte. Incorporer le chocolat.

Recouvrir une plaque à four de papier sulfurisé. Former des boules de pâte légèrement plus petites qu'une balle de ping-pong et les déposer dessus. Parsemer des brisures de chocolat mises de côté. Enfourner pour 10 à 15 minutes, selon la cuisson désirée.

Au sortir du four, laisser tiédir sur la plaque, puis dès que les cookies ont un peu durci, les placer sur une grille surélevée. Les stocker dans une boîte non hermétique avec un morceau de sucre ou un fruit sec pour éviter qu'ils ramollissent ; si, au contraire, vous souhaitez conserver leur moelleux, les placer plutôt dans une boîte hermétique au réfrigérateur pour éviter les moisissures.

Biscuits aux fruits

La fraîcheur des fruits et le goût herbacé du CBD proposent une alliance de saveurs très naturelle. Comme il existe de multiples possibilités quant au mélange de fruits, vous pouvez adapter la recette à votre goût.

30 min de préparation
15 min à 20 min de cuisson par fournée

POUR 35 BISCUITS

65 g de beurre de Marrakech (voir page 42) pommade
65 g de beurre pommade
120 g de cassonade
1 pincée de sel
1 œuf
1 c. à soupe d'eau de fleur d'oranger
260 g de farine
1 sachet de levure chimique
70 g de pulpe de fruits ou 40 g de fruits hachés

ASTUCE

Si vous prenez des fruits contenant beaucoup d'eau, ajoutez 30 grammes de farine.

Préchauffer le four à 150 °C (th. 5). Dans un grand bol, mélanger les beurres avec le sucre et le sel à l'aide d'une fourchette. Ajouter l'œuf et l'eau de fleur d'oranger, mélanger.

Dans un autre récipient, mélanger la farine et la levure. Ajouter le mélange beurres-sucre, bien mélanger à la main et former une boule de pâte. Ajouter les fruits.

Recouvrir une plaque à four de papier sulfurisé. Former des petites boules de pâte et les déposer dessus. Ne pas hésiter à se fariner les mains si la pâte est très humide. Enfourner pour 15 à 20 minutes selon la cuisson désirée. Plus les biscuits seront secs, mieux ils se conserveront.

Au sortir du four, laisser tiédir sur la plaque, puis dès que les biscuits ont un peu durci, les placer sur une grille surélevée. Les stocker au réfrigérateur dans une boîte hermétique.

Biscuits aux graines

Le goût des graines, très doux, fait ressortir la saveur de la fleur de CBD et offre en bouche un mélange inédit.

40 min de préparation
15 min à 20 min de cuisson par fournée

POUR 35 BISCUITS

60 g de beurre de Marrakech (voir page 42) pommade
60 g de beurre pommade
120 g de cassonade
1 pincée de sel
1 œuf
1 c. à soupe d'eau de fleur d'oranger
260 g de farine
1 sachet de levure chimique
35 g de graines de chia, de sésame et de pavot mélangées + 1 g pour la décoration

ASTUCE

Les proportions et les choix des graines peuvent être adaptées selon votre goût, toutes les variétés de graines sont bienvenues !

Préchauffer le four à 150 °C (th. 5). Dans un grand bol, mélanger les beurres avec le sucre et la sel à l'aide d'une fourchette. Ajouter l'œuf et l'eau de fleur d'oranger, mélanger.

Dans un autre récipient, mélanger la farine et la levure. Ajouter le mélange beurres-sucre, bien mélanger à la main et former une boule de pâte. Ajouter les graines.

Recouvrir une plaque à four de papier sulfurisé. Former des petites boules de pâte et les déposer dessus en les aplatissant légèrement. Parsemer de graines et enfourner pour 12 à 15 minutes selon la cuisson désirée.

Au sortir du four, laisser tiédir sur la plaque, puis dès que les biscuits ont un peu durci, les placer sur une grille surélevée.

Dès qu'ils sont froids à cœur, les mettre dans une boîte non hermétique avec un morceau de sucre ou un fruit sec pour éviter qu'ils ramollissent ; si, au contraire, vous souhaitez conserver leur moelleux, les placer plutôt dans une boîte hermétique au réfrigérateur pour éviter les moisissures.

Banana bread

La banane et le CBD offre un mélange particulièrement sympathique. Le banana bread étant plutôt consistant, une simple petite part comblera les fringales tout en apportant les effets apaisants du CBD.

Pour 8 personnes
15 min de préparation
45 min à 55 min de cuisson

60 g de beurre de Marrakech (voir page 42) pommade + un peu pour le moule
180 g de farine
¾ cuil. à café de levure
¾ cuil. à café de bicarbonate de soude
½ cuil. à café de cannelle
1 pincée de sel
180 g de sucre
1 gros œuf
3 bananes bien mûres et bien sucrées
12 cl de lait
1 cuillère à café de jus de citron

ASTUCE

Beurrez votre moule avec du beurre de Marrakech afin d'accentuer le goût du CBD. N'hésitez pas à ajouter des fruits à coque (noix, noisettes...).

Préchauffer le four à 180 °C (th. 6). Dans un grand bol, mélanger la farine, la levure, le bicarbonate de soude, la cannelle et le sel.

Dans un autre récipient, battre le beurre, le sucre, l'œuf et le jus de citron. Réduire les bananes en purée avec le lait, et les ajouter.

Mélanger les ingrédients humides aux ingrédients secs. Beurrer un moule à cake et verser la préparation. Enfourner pour 45 à 55 minutes selon la cuisson désirée.

Au sortir du four, laisser refroidir, puis démouler le banana bread et le placer sur une grille jusqu'à complet refroidissement.

Gâteau magique

Ce gâteau porte bien son nom : grâce à une cuisson douce, les effets et les saveurs de la fleur de CBD sont décuplés ! Vous remarquerez que le parfum du CBD se ressent différemment selon l'étage où il se trouve.

Pour 6 personnes
20 min de préparation
1 h 30 de cuisson
3 h de repos

1 g de fleurs de CBD
35 g beurre de Marrakech (voir page 42)
50 cl de lait
90 g de beurre
1 gousse de vanille
4 œufs
150 g de sucre en poudre
115 g de farine
1 pincée de sel fin
1 pomme
1 poire

ASTUCE

Vous pouvez varier les plaisirs en remplaçant la vanille par le zeste d'un quart de citron ou encore 1 cuillerée à soupe d'eau de fleur d'oranger.

Hacher finement les fleurs de CBD. Dans une casserole, verser le lait, ajouter 1 cuillerée à café d'eau et les fleurs de CBD. Porter à ébullition, puis faire cuire 30 minutes à feu doux.

Pendant ce temps, préchauffer le four à 150 °C (th. 5). Dans une autre casserole, faire fondre les beurres à feu doux. Fendre la gousse de vanille en deux et prélever les graines à l'aide d'un couteau. Séparer les blancs des jaunes d'œufs. Dans un bol, fouetter les jaunes avec le sucre.

Mélanger le beurre fondu, les graines de vanille, la farine et le lait infusé, puis les jaunes avec le sucre. Monter les blancs en neige avec le sel jusqu'à ce qu'ils soient fermes. Incorporer les blancs à la préparation à l'aide d'un fouet en gardant quelques morceaux entiers.

Peler la pomme et la poire et ôter la partie centrale. Les couper en très fines lamelles et les ajouter à la préparation.

Tapisser le fond d'un moule à manqué de papier cuisson et verser la préparation. Enfourner pour 1 heure environ selon la hauteur de votre moule.

Au sortir du four, laisser refroidir, puis placer au réfrigérateur au moins 3 heures avant de servir.

Brownie

Les arômes de la fleur de CBD relèvent délicieusement les parfums des deux chocolats.

Pour 8 personnes
10 min de préparation
30 min de cuisson

1 g de fleurs de CBD
50 g de beurre de Marrakech (voir page 42)
4 cl d'huile de noisette
150 g de chocolat noir pâtissier à 60 % de cacao
50 g de chocolat au lait pâtissier à 30 % de cacao
50 g de beurre + 1 noix pour le moule
2 œufs
100 g de cassonade
50 de sucre
1 c. à café d'extrait de vanille liquide
10 g de noix de coco râpée
1 c. à soupe de cannelle en poudre
1 pincée de bicarbonate
1 pincée de sel
150 g de farine

ASTUCE

Les quantités des chocolats peuvent être modifiées selon votre goût mais aussi pour faire plus ou moins ressortir le parfum de la fleur de CBD : plus la proportion de chocolat au lait sera élevée, plus le goût de la fleur de CBD sera fort.

Préchauffer le four à 180 °C (th. 6). Hacher finement les fleurs de CBD. Dans une casserole, faire chauffer l'huile de noisette, les fleurs, les chocolats et les beurres 15 minutes au bain-marie.

Dans un grand bol, fouetter les œufs, les sucres, la vanille, la noix de coco râpée et la cannelle jusqu'à obtenir un mélange mousseux. Ajouter les chocolats fondus, mélanger. Ajouter ensuite le bicarbonate, le sel et la farine. Bien mélanger, la pâte doit être homogène.

Beurrer un moule à brownie et verser la préparation. Enfourner pour 25 minutes.

Tartelettes au chocolat

Dans cette recette, le CBD est présent dans la ganache mais aussi dans la pâte pour un goût et un effet renforcés.

20 min de préparation
30 min de cuisson
55 min de repos

POUR 16 TARTELETTES

POUR LA PÂTE

60 de beurre de Marrakech (voir page 42)
120 g de beurre demi-sel à température ambiante + une noix pour les moules
300 g de farine T55 + 1 c. à soupe pour le plan de travail
100 g de sucre glace
1 pincée de sel
1 œuf

POUR LA GANACHE

3 g de fleurs de CBD
200 g de chocolat au lait pâtissier à 30 % de cacao minimum
150 g de chocolat noir à 65 % de cacao minimum
30 cl de crème liquide entière

ASTUCE

Pour un goût encore plus herbacé, vous pouvez parsemer des fleurs de CBD directement sur la ganache juste avant de placer les tartelettes au frais.

Préparer la pâte : dans un grand bol, mélanger la farine avec le sucre glace et le sel. Ajouter ensuite les beurres et l'œuf. Former à la main une belle boule, couvrir de film alimentaire et placer 25 minutes au réfrigérateur.

Préchauffer le four à 180 °C (th. 6). Sur un plan de travail fariné, étaler la pâte sur 3 mm environ. Plus elle sera épaisse, plus elle restera moelleuse après la cuisson. Découper la pâte en cercles à l'emporte-pièce : le diamètre doit correspondre à celui des moules à tartelettes ou des cercles. Beurrer les moules, mettre les disques de pâte dedans et piquer les fonds à l'aide d'une fourchette. Enfourner pour une quinzaine de minutes, la pâte doit être légèrement dorée. Laisser refroidir, puis démouler et placer les fonds de tartelettes sur une grille.

Préparer la ganache : hacher finement les fleurs de CBD, couper le chocolat en morceaux. Dans une casserole, faire chauffer la crème et les fleurs de CBD 15 minutes au bain-marie et à couvert. Ajouter le chocolat.

Verser la ganache dans les fonds de tartelette. Laisser refroidir, puis placer 20 minutes au réfrigérateur avant de déguster.

Tarte au citron meringuée 

L'acidité du citron et la douceur de la meringue se marient parfaitement avec la saveur herbacée du CBD. Si vous souhaitez en accentuer le goût, vous pouvez ajouter 1 cuillerée à café de fleurs de CBD décarboxylées à la meringue.

Pour 6 personnes
30 min de préparation
20 min de cuisson
55 min de réfrigération

POUR LA PÂTE

25 g de beurre de Marrakech (voir page 42) pommade
1 œuf
100 g de sucre
1 pincée de sel
250 g de farine + 1 c. à soupe pour le plan de travail
125 g de beurre + 1 noix pour le moule

POUR LA CRÈME AU CITRON

30 g de beurre de Marrakech (voir page 42)
3 citrons non traités
3 œufs
150 g de sucre
1 c. à soupe de fécule de maïs ou de farine
45 g de beurre

POUR LA MERINGUE

2 blancs d'œufs
75 g de sucre

ASTUCE

Si vous n'avez pas de poche à douille, utilisez deux cuillères à soupe pour former des quenelles. Transvasez une petite portion de meringue d'une cuillère à l'autre jusqu'à obtenir l'apparence souhaitée, puis déposez-la sur la tarte.

Préparer la pâte : dans un grand bol, mélanger la farine avec le sucre et le sel. Ajouter le beurre puis l'œuf. Mélanger à la main et former une boule. Couvrir de film alimentaire et placer 25 minutes au réfrigérateur.

Préchauffer le four à 180 °C (th. 6). Beurrer un moule à tarte. Sur un plan de travail fariné, étaler la pâte, puis la disposer dans le moule à tarte. Enfourner pour 10 minutes : la pâte doit être légèrement dorée. Afin d'éviter qu'elle ne gonfle, la recouvrir d'une feuille de papier sulfurisé lui-même recouvert par des aliments secs qui ont un certain poids (vous pouvez utiliser du riz ou des haricots secs).

Préparer la crème au citron : zester 1 citron, presser tous les citrons dans une casserole, puis porter à ébullition. Stopper la cuisson.

Dans un grand bol, battre les œufs avec le sucre et la fécule de maïs. Verser progressivement le jus de citron en filet sans cesser de fouetter. Mettre la préparation dans la casserole et faire chauffer à feu moyen sans cesser de remuer jusqu'à obtenir une crème. Laisser tiédir.

Couper les beurres en morceaux et l'ajouter à la crème en fouettant. Garnir le fond de tarte de la crème citronnée, puis placer 30 minutes au réfrigérateur.

Préparer la meringue : dans un grand bol, battre les blancs en neige ferme. Ajouter le sucre et continuer de battre quelques secondes. Mettre la meringue dans une poche à douille et garnir le dessus de la tarte. Éventuellement passer la tarte quelques secondes sous le gril du four pour colorer la meringue.

Mouamande 

La douceur des amandes fait agréablement ressortir le goût herbacé de la fleur de CBD.

10 min de préparation
15 min de cuisson par fournée
55 min de repos

POUR 20 À 25 PIÈCES

4 g de fleurs de CBD
70 g de blancs d'œufs
140 g de sucre
185 g d'amandes en poudre
1 c. à café d'huile de tournesol

ASTUCE

Vous pouvez conserver vos gâteaux dans une boîte métallique s'ils sont destinés à être mangés rapidement. Sinon, stockez-les dans un récipient hermétique placé au réfrigérateur. Dans ce cas, sortez-les une dizaine de minutes avant de les déguster.

Préchauffer le four à 180 °C (th. 6). Hacher finement les fleurs de CBD. Recouvrir une plaque à four de papier sulfurisé.

Dans un bol, mélanger tous les ingrédients. Graisser légèrement ses mains avec l'huile de tournesol et former des petites boules. Les disposer sur la plaque et enfourner pour 15 minutes.

Au sortir du four, laisser refroidir sur une grille surélevée.

Îles flottantes coco

Le goût herbacé du CBD vient trancher avec le parfum de la vanille pour offrir une saveur unique.

Pour 2 personnes
10 min de préparation
20 min de cuisson

POUR LA CRÈME ANGLAISE

2,5 g de fleurs de CBD
15 cl de lait entier
15 cl de lait de coco
3 jaunes d'œufs
1 c. à soupe de sucre

POUR LES ÎLES FLOTTANTES

3 blancs d'œufs
2 c. à soupe de noix de coco râpée

ASTUCE

Vous pouvez préparer la crème anglaise la veille pour le lendemain, les arômes du CBD seront plus prononcés. Dans ce cas, placez-la toute la nuit au réfrigérateur.

Préparer la crème anglaise : hacher finement les fleurs de CBD. Dans une casserole, verser les laits, ajouter 1 cuillerée à café d'eau, les fleurs de CBD et porter à ébullition. Laisser chauffer 15 minutes à feu doux.

Dans une autre casserole, mélanger les jaunes d'œufs et le sucre. Ajouter les laits infusés et laisser cuire à feu doux sans cesser de remuer avec une cuillère en bois jusqu'à ce que la crème épaississe (elle doit napper la cuillère). Réserver au chaud ou laisser refroidir, selon votre goût.

Préparer les îles flottantes : dans un bol, battre les blancs en neige ferme. Remplir une casserole d'eau et la porter à ébullition. Former de grosses quenelles de blancs d'œufs à l'aide de deux cuillères à soupe et les plonger dans l'eau bouillante 1 minute sur chaque face en les retournant à mi-cuisson.

Verser la crème dans 2 coupes. Déposer les îles par-dessus, parsemer généreusement de noix de coco et servir sans attendre.

Energy balls 

Dans cette recette concentrée en sucres naturels, c'est sous sa forme la plus concentrée (huile et fleurs) que le CBD est utilisé. Résultat : un goût et un effet puissants quasi immédiats.

Pour 4 personnes
15 min de préparation

0,5 g de fleurs de CBD décarboxylées (voir page 38)
4 gouttes d'huile de CBD
6 dattes
1 banane
120 g de flocons d'avoine
1 c. à soupe d'huile de coco
4 c. à soupe de cacao en poudre
1 c. à café d'extrait de vanille liquide
50 g de noix de coco râpée

ASTUCE
Vous pouvez remplacer la noix de coco par du cacao en poudre ou des amandes en poudre.

Hacher finement les fleurs de CBD. Dénoyauter les dattes, peler et couper en petits morceaux la banane.

Dans un blender, mixer les fleurs de CBD, l'huile de CBD, les dattes, la banane, les flocons d'avoine, l'huile de coco, le cacao, la vanille et 1 cuillerée à soupe d'eau jusqu'à obtenir une belle pâte homogène.

Former des boules à la main et les rouler dans la poudre de noix de coco.

Chocolat chaud

Cette délicieuse boisson chaude réveillera vos souvenirs d'enfance et vous réchauffera durant les plus froides journées d'hiver. La recette parfaite pour accompagner les minimadeleines de la page 120 !

Pour 4 tasses
30 min de préparation
20 min de cuisson

0,5 g de fleurs de CBD décarboxylées (voir page 38)
0,5 g de fleurs de CBD
50 g de chocolat noir à 60 % de cacao minimum
50 cl de lait
20 cl de crème fraîche entière semi-épaisse
20 g de sucre
10 g de fécule de maïs
10 g de cacao en poudre
½ c. à café de cannelle

ASTUCE

Pour une version encore plus gourmande, vous pouvez servir ce chocolat chaud avec une chantilly maison. Dans ce cas, parsemer la cannelle et les fleurs de CBD sur la chantilly.

Hacher finement les fleurs de CBD. Couper le chocolat en morceaux.

Dans une casserole, verser le lait, ajouter 1 cuillerée à soupe d'eau, la crème fraiche, le sucre, la fécule de maïs et les fleurs de CBD décarboxylées. Porter à ébullition, puis ajouter le cacao et le chocolat noir. Laisser chauffer à feu moyen en remuant régulièrement jusqu'à ce que la crème épaississe.

Saupoudrer de cannelle, parsemer de fleurs de CBD et servir sans attendre dans 4 tasses.

great & green

L'enseigne *Great and Green* a été fondée par Guillaume Bargain et Guillaume Dumont (G&G). L'aventure a démarré en novembre 2019 à Montreuil-sous-Bois. Un an auparavant l'un des deux cofondateurs s'était trouvé confronté à la difficulté de se procurer des produits de qualité pour l'un des membres de sa famille sujet à une pathologie inflammatoire aiguë.

Au terme d'une recherche minutieuse de fournisseurs offrant offrant les meilleures garanties sur les matières premières, leur transformation, le contrôle qualité et la traçabilité, un premier magasin a ouvert ses portes en plein cœur du quartier commerçant de Montreuil.

Great and Green, c'est une gamme d'huiles et fleurs de CBD, ainsi qu'une sélection des produits bien-être issus du chanvre. C'est aussi un lieu d'information et de rencontres autour du CBD, où chacun peut échanger autour de son expérience personnelle et trouver une réponse personnalisée à ses attentes.

Encouragée par le succès de sa démarche et de ses produits, l'enseigne a petit à petit étendu sa gamme avant d'ouvrir une deuxième boutique dans le centre de Paris, à deux pas du musée d'Orsay.

De formation artistique, **Ivan Tozzi** s'est orienté peu à peu vers la cuisine. Dans les années 2000, il lance les évènements culinaires tels que les Apericube et la Grignote Mobile dans différents lieux parisiens. Passionné par l'histoire de la gastronomie, des modes de cuisson et des cuisines alternatives, Ivan vit principalement dans sa cuisine où il mijote ses voyages culinaires.

Jems Prieur est auteur et humoriste. Le bien-être est son maître mot ! Grâce à son BEP de cuisine et son CAP de pâtissier-chocolatier-glacier-confiseur en poche, les confinements l'ont fait retournés vers ses premières passions que sont les métiers de bouche. Il finit par créer sa marque de nourriture autour du CDB « Jems' Épicerie Libre ».

Index du CBD

Index par ingrédients